ALL ABOUT IELTS 실전문제집 1

●

[LISTENING]

ALL ABOUT
IELTS 실전문제집 1
[Listening]

저 자 이수영, 리암 헤플스톤

발행인 고본화

발 행 반석출판사

2020년 2월 5일 초판 10쇄 인쇄

2020년 2월 10일 초판 10쇄 발행

반석출판사 | **www.bansok.co.kr**

이메일 | **bansok@bansok.co.kr**

블로그 | **blog.naver.com/bansokbooks**

07547 서울시 강서구 양천로 583. B동 1007호

　　　 (서울시 강서구 염창동 240-21 우림블루나인 비즈니스센터 B동 1007호)

대표전화 02) 2093-3399 **팩 스** 02) 2093-3393

출 판 부 02) 2093-3395 **영업부** 02) 2093-3396

등록번호 제 315-2008-000033호

ISBN 978-89-7172-496-5 [13740]

ALL ABOUT IELTS 실전문제집 1

●

[LISTENING]

머리말

IELTS가 국내 영어시장에 본격적으로 소개되면서, 객관적이고 실용적인 영어시험으로 평가받고 있습니다. 이러한 시점에서 실전문제집에 대한 필요성을 절감하고 이 책을 출간하게 되었습니다. 특히 리스닝 섹션은 단기간 내에 점수향상을 기대하기 힘들지만 리스닝 스킬에 대한 충분한 이해가 있다면 좋은 결과를 기대할 수 있습니다. 그리고 IELTS는 여타 시험과는 형식이 판이하게 다르므로 시험에 대한 사전 정보 역시 중요합니다. 하지만 시중에 나와 있는 대부분의 원서들은 기본적이고 필수적인 시험 노하우를 충분하게 제공하지 못하는 듯합니다.

이 책은 시험을 앞두고 실제 상황과 동일한 조건에서 자신의 실력을 평가하기에 적합한 교재입니다. 또한 수험생에게 문제 접근방법과 과정을 알기 쉽게 보여주고 있습니다. 이 곳 뉴질랜드에서 현지 작가이자 강사인 Liam와 함께 영어가 비모국어인 학생들을 대상으로 면밀하게 연구, 개발된 책입니다. 실전문제집의 특성을 최대한 살리면서 동시에 문제를 푸는 방법과 리스닝 스킬을 자세하게 소개하기 때문에 최종 마무리용뿐 아니라 이론서로도 손색이 없습니다.

또한 이곳의 실생활에서 자료를 수집하고 출제 가능성이 높은 주제만을 엄선하여 살아 있는 영어를 접할 수 있는 기회를 제공하며, 실력 있는 현지인 강사들이 제작에 참여하여 책의 완성도를 높였습니다. 이 책의 인트로 부분에 소개된 효율적인 리스닝 실력 향상을 위한 문제유형 파악과 각 섹션별 리스닝 전략을 충분히 숙지할 경우 근본적으로 실력이 향상됩니다. 모쪼록 이 책이 IELTS를 준비하는 분들에게 도움이 되고 지침이 되는 책으로 자리매김 되기를 바랍니다.

이 책의 제작을 위해 조언과 수고를 아끼지 않으신 코스개발 매니저(Director of Study) 김정원 선생님께 감사드리며, 항상 저의 중심이 되는 우리 가족, 의젓한 재혁이, 친구 같은 영현이, 그리고 나의 동반자인 노범 씨에게 모든 사랑과 감사를 전합니다.

저자 이수영

차례

이 책의 특징 및 활용법

최신 출제경향과 실제 난이도를 반영한
최적의 실전 마무리 문제집!!!

본 책은 IELTS 리스닝 5회분의 문제와 해설을 수록한 최종 마무리 테스트용 교재이다. 각 1회분은 40여 문항(4개 지문)으로 구성되었고, 실제 시험과 비슷한 최신의 출제경향과 문제형태를 반영했다. 특히, 섹션별로 다양한 지문과 문제유형(7형태)을 제공하여 실전감각을 익히는 데 많은 도움이 된다. 독자 스스로 실제 고사장과 비슷한 환경을 만들어 문제를 풀어보도록 하자.

영어가 모국어인 사람들에게도 주어진 시간(40분) 동안 방대한 분량의 지문을 듣고, 문제를 푸는 것은 수월한 일이 아니다. 더군다나 영어가 비모국어인 수험생들에게는 상당한 노력과 연습이 필요하다. 하지만 사전에 출제유형과 출제되는 문제에 대한 숙지가 있다면 문제 해결에 많은 도움이 될 것이다. 단계적이면서도 체계적인 훈련만이 리스닝을 정복하는 지름길임을 인식하고, 이 책을 통해 문제의 접근방법과 스킬을 습득해보자.

PART 1 INTRODUCTION

IELTS의 전반적인 이해를 돕기 위해 IELTS의 시험제도와 시험관련 각종 정보(영역별 시험시간, 시험 평가방법 등)와 전반적인 리스닝 섹션의 특징을 설명했다. 그리고 리스닝 실력을 향상시키기 위해 절대적으로 필요한 각종 리스닝 스킬을 예제와 함께 간략하게 살펴볼 수 있도록 했다. 섹션별로 출제되는 문제유형과 관련 팁들은 학생들에게 감초 같은 역할을 할 것이다.

Chapter 1 Listening Overview

리스닝 구성 및 시험을 치르는 요령과 전략, 평소 공부방법에 대한 내용을 실었다. 특히, 섹션별 전략은 실제 시험을 치른 학생들의 경험담을 바탕으로 내용을 구성했기 때문에 생생한 현장감을 전해준다.

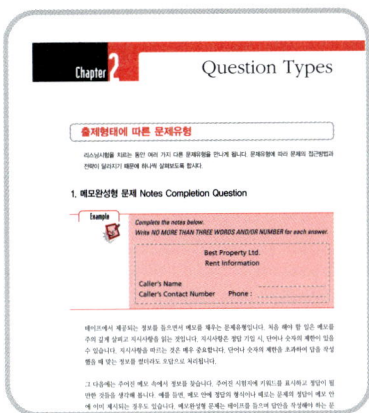

Chapter 2 Question Types

출제형태에 따른 문제유형을 7개로 분류했다. 메모완성형 문제(Notes Completion Question), 선택형 문제(Multiple Choice Question), 지도/그림에 이름 붙이기형 문제(Labeling a Map/Diagram Question), 표완성형 문제(Table Completion Question), 문장완성형 문제(Sentence Completion Question), 단답형 문제(Short Answer Question), 분류형 문제(Classification Question). 의문사분류에 따른 문제유형을 8개(What, Who, Where, Why, When, Which, How, 기타)로 구분했고 〈기본표현 익히기〉란에는 일상생활회화나 청취에 도움이 되는 자료를 모았다.

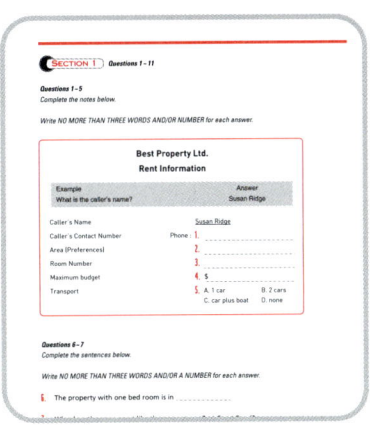

PART 2 PRACTICE TEST

5회분의 실전문제를 정해진 시간(40분) 동안 실제 시험환경과 동일한 조건에서 문제를 풀어볼 수 있도록 했다. 모르는 단어가 있더라도 사전을 찾지 말고, 본 책 도입부에 소개되는 리스닝 스킬과 접근방법을 참고하여 스스로 문제를 해결해보자. 각각의 지문을 다양한 리스닝 스킬을 이용하여 접근하는 것이 중요하다.

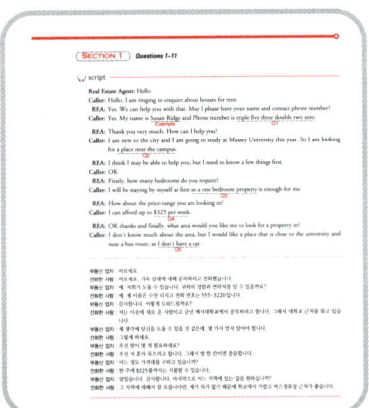

PART 3 정답 및 해설

제한된 시간 내에 문제를 풀어본 후 정답을 확인한다. 한 번 틀린 문제는 자주 틀리게 되므로 오답문제는 반드시 해설을 자세하게 읽으면서 이해해야 한다. 지문을 읽다가 모르는 단어를 따로 정리하는 단어장을 만드는 것도 좋은 방법이다.

IELTS란 무엇인가?

IELTS(International English Language Testing System)는 영어의 네 가지(Listening, Reading, Writing, Speaking) 영역을 평가하므로 평소에 모든 영역에 걸쳐 자주 출제되는 문제유형, 지문유형, 시험 전략 등을 완벽하게 숙지해야 합니다. 이 시험은 아카데믹 모듈(Academic Module)과 제너럴 모듈(General Module)로 나뉘며, 영어가 제2외국어인 학생들이 영어권 국가에서 공부를 하거나 이민 등을 가기 위해서 반드시 치러야 하는 영어시험입니다.

대학교 진학을 준비 중인 학생은 아카데믹 모듈에 응시해야 하며, 시험결과에 따라 자신이 원하는 곳에서 영어로 학습할 수 있는 능력이 되는지 평가를 받게 됩니다. 이에 반해 영어권 국가에서 고등학교 진학, 일부 직업훈련과정(Vocational Courses), 특정 자격시험, 디플로마과정(Certificate or Diploma Courses)의 이수 또는 영연방국가로의 이민을 원하는 사람들은 제너럴 모듈을 치러야 합니다. IELTS를 준비하는 수험생들은 본격적으로 시험공부를 시작하기 전에 아카데믹 모듈과 제너럴 모듈 가운데 어떤 시험을 준비해야 할지 먼저 결정해야 합니다.

IELTS 영역구분 및 시험시간

앞서 말했듯이 IELTS는 리스닝(Listening; 듣기), 리딩(Reading; 읽기), 라이팅(Writing; 쓰기), 스피킹(Speaking; 말하기) 등의 네 개 영역을 평가합니다. 이 가운데 리스닝과 스피킹은 아카데믹·제너럴 모듈 모두 같은 유형으로 시험을 치르지만, 리딩과 라이팅은 자신이 선택한 모듈에 따라 시험유형이 달라집니다. 시험은 보통 하루에 치러지며, 스피킹은 다른 날 실시되기도 합니다.

Section \ Module	Academic Module	General Module	비 고
Listening	4 Sections		40분
Reading	3 Passages	3 Passages	60분
Writing	2 Tasks(도표분석/에세이)	2 Tasks(편지작성/에세이)	60분
Speaking	3 Parts		11~14분

IELTS Listening

리스닝 문제유형

리스닝은 모두 4개 섹션으로 나눠지며, 섹션별로 각기 다른 주제가 등장합니다. 리스닝은 특정 상황(일상 / 대학)을 설정하여 일상적인 대화나 대학강의를 이해하는 능력을 평가합니다. 보통 40개의 문제가 주어지며, 각 섹션별로 9개에서 11개의 문제가 출제됩니다. 문제의 난이도는 뒤로 갈수록 높아집니다.

□ 지문유형

일상생활	대학생활 등

□ 출제형태에 따른 문제유형

1. 메모완성형 문제 Notes Completion Question
2. 선택형 문제 Multiple Choice Question
3. 지도 / 그림에 이름 붙이기형 문제 Labeling a Map / Diagram Question
4. 표완성형 문제 Table Completion Question
5. 문장완성형 문제 Sentence Completion Question
6. 단답형 문제 Short Answer Question
7. 분류형 문제 Classification Question

□ 의문사분류에 따른 문제유형

1. What Question	2. Who Question
3. Where Question	4. Why Question
5. When Question	6. Which Question
7. How Question	8. 기타 유형

시험점수와 결과 통보

각 문제당 1점씩 계산됩니다. 전체 문항 중 맞은 개수를 합하여 IELTS 점수표로 환산하면 시험점수가 나옵니다. IELTS의 점수(Band Score) 분포는 0에서 9까지이며, 리스닝, 리딩, 라이팅, 스피킹의 점수를 모두 합하여 4로 나누면 평균점수(Overall)가 산정됩니다.

IELTS시험은 2006년 5월 1일부터 시험응시 후 3개월 이내에 재응시가 불가능했던 규정이 변경되어 수험생이 원하는 시간에 언제든지 응시가 가능해졌습니다. 또한 라이팅과 스피킹의 정수점수(Whole Mark)만 받을 수 있었던 점수 평가제도가 2007년 7월 1일부터 반점(Half Mark)도 받을 수 있도록 바뀌었습니다. 시험결과는 보통 시험일부터 2주 후에 받아볼 수 있습니다.

ALL ABOUT IELTS [LISTENING]

PART 1

INTRODUCTION

Chapter 1

Listening Overview

■ 리스닝 구성 및 시험절차

1. 리스닝 구성

시험 당일 가장 먼저 치르는 섹션이 리스닝입니다. 시험날짜에 따라 출제되는 버전(Version)이 다르지만, 날짜가 같으면 장소가 다르더라도 동일한 버전으로 시험을 보게 됩니다. 리스닝의 제한시간은 40분이며, 30분간 문제를 풀고 10분간 답안지에 정답을 옮기는 시간이 따로 주어집니다. 테이프를 들으면서 주어진 시험지에 바로 정답을 체크하고 답안지에 따로 정답을 옮겨 적어야 합니다.

2. 시험절차

시험 당일 시험관이 답안지를 배부하는데 이 답안지의 앞면에는 리스닝 섹션, 뒷면에는 리스닝 섹션의 정답을 기재하게 되어 있습니다. 답안지 배부 후 시험관이 시험에 관한 간단한 설명을 합니다.

답안지에 수험자의 신상정보를 기입한 후, 시험지를 받게 됩니다. 시험관이 먼저 테이프의 음성을 들려주고, 음량을 조절합니다. 좌석 배치상 뒷줄에 앉으면 테이프 소리가 잘 들리지 않을 경우가 있는데, 이때는 손을 들어 음량조절을 요청할 수 있습니다.

시험 시작을 알리는 테이프가 방송되기 전에는 절대 시험지를 넘겨서는 안 됩니다. 시험관의 지시에 따라야 하며, 테이프가 작동되는 순간부터 시험이 시작됩니다. 물론 테이프는 멈추지 않고 진행되며, 단 한 번만 들려줍니다.

리스닝시험을 보는 중간(섹션과 섹션사이)에 문제를 읽을 수 있는 시간이 주어집니다. 이 시간을 효과적으로 사용하는 것이 시험의 성패를 좌우하기도 합니다. 시험지를 살피면서 무엇을 들어야 할지 판단을 해야 합니다. 문제를 미리 분석하면 예상문제에 관한 많은 정보를 얻을 수 있고, 문제를 읽어가면서 무엇을 들어야 할지 준비를 할 수 있습니다. 무엇을 들어야 할지 아는 것은 무척 중요한 사항입니다. 테이프의 모든 내용에 귀 기울일 필요는 없습니다.

지문과 관련된 문제 수는 제한되어 있으므로 들을 것만 들도록 연습하십시오. 이 시간을 이용해서 키워드에 밑줄을 긋거나 형광펜으로 표시를 합니다. 일반적으로 키워드와 관련되어 문제가 출제되기 때문에 키워드를 미리 알게 되면, 테이프에서 들어야 할 내용을 이미 파악한 셈이 됩니다. 동시에 키워드가 어떻게 발음될지 생각해야 합니다. 테이프에서 키워드가 반복되거나, 유사어가 나올 가능성이 큽니다.

한 섹션이 끝나고 다음 섹션이 시작되기 전 다시 황금 같은 시간(약 30초)이 주어집니다. 이때는 바로 다음 섹션의 문제를 살펴야 합니다. 이미 지나간 문제를 생각하거나, 앞부분을 뒤적거리는 것은 시간 낭비입니다. 정답을 옮겨 적고 난 후 생각해야 할 사항입니다. 다시 한 번 강조하지만, 절대 지나간 섹션에 매달리지 마십시오. 다음 문제에 총력을 기울여야 합니다. 곧바로 다음 섹션으로 넘어가서 테이프가 시작되기 전, 이전에 했던 과정과 똑같은 시험전략을 적용하여 지문을 들을 준비를 해야 합니다. 리스닝 시험을 치를 때는 대부분 다음과 같은 과정을 통해 정답을 고르면 됩니다.

---

1. 시험지를 훑어보면서 문제유형 파악 →
2. 시험지에 문제 키워드 표시 →
3. 문제유형 분석 →
4. 정답의 단서 찾기(단어의 품사나 들어야 할 사항이 무엇인지 추측) →
5. 청취 준비

테이프를 듣다가 문제와 관련된 부분을 놓쳐 답안을 작성하지 못하는 경우가 있습니다. 이때 절대 당황하지 않도록 합시다. 한 문제 정도는 놓칠 수 있다고 생각하고 재빨리 다음 문제를 들을 준비를 해야 합니다. 한 문제를 놓쳤다고 시험 결과에 큰 영향이 있는 것은 아닙니다. 냉정하게 대처하십시오. 그리고 녹음 내용은 한 번만 들을 수 있다는 사실을 기억하십시오.

녹음된 테이프를 다 들은 후에 놓친 문제로 다시 돌아갑니다. 자신의 기억에 의존하여 정답을 기재하십시오. 어떤 문제는 아무리 생각을 해도 정답이 떠오르지 않기도 합니다. 이럴 때는 논리적인 추측에 근거하여 답을 적도록 합니다.(특히 선택형 문제) 여하튼 정답지를 빈칸으로 남겨서는 안 됩니다. 빈칸으로 남겨진 문제는 점수를 얻을 수 없습니다. 때로는 사전 지식을 이용하거나 특정 단어가 머릿속에 오래 남아 있다면, 그것이 정답이 되는 확률이 높습니다.

■ 리스닝 전략 및 준비방법

1. 리스닝 전략

① 지시문 읽기

지시문을 주의 깊게 읽는 것이 너무도 당연하다고 생각하겠지만, 시험을 치르는 동안 많은 학생들이 지시문을 정확하게 읽지 않고 지시문대로 정답을 기재하지 않아 감점을 당하는 경우가 많습니다. 문제유형에 따라 다르긴 하지만 예를 들어, 지시문에 Use no more than three words and/or a number.라고 명시되는 경우, 단어 개수나 숫자를 초과하여 정답을 적으면 0점 처리가 됩니다. 답안 작성 시 반드시 지시문에 따라야 합니다. 게다가, 지시문을 정확하게 읽고 분석을 하면 의외로 그 지시문에서 결정적인 힌트를 얻기도 합니다.

② 문제 읽기

리스닝 시험지는 정답과 관련하여 무엇을 들어야 하는지에 관한 유용한 정보를 제공합니다. 리스닝을 공부할 때 시험지에서 키워드를 찾는 연습을 충분히 해야 합니다. 대부분의 문제는 키워드를 포함하고 있으며, 이것들이 정답을 알려주는 힌트가 됩니다. 시험지에 있는 키워드나 문제가 도표나 지도와 같은 시각적인 형태일 경우, 시험지에 이미 답이 기재되어 있는 경우도 있습니다. 도표 분석 방법을 익히면 시각과 동시에 청각을 이용하게 되므로 정답을 맞힐 확률이 높아집니다. 다음 예제를 보면서 키워드를 찾아봅시다.

Example 1

Which of the following is <u>Danny</u> going to <u>take</u> to school?
A. Mobile Phone
B. Laptop
C. Book
D. MP 3 Player

대니는 다음 중 어느 것을 학교에 가져가려고 합니까?
A. 휴대폰
B. 휴대용 컴퓨터
C. 책
D. MP 3 플레이어

➔ 먼저 질문에서 주어, 동사를 찾도록 합니다. 주어는 Danny, 동사는 take입니다. 이 두 단어에 밑줄을 긋습니다. 이 문제는 '대니(Danny)가 학교(School)에 무엇을 가져가야 하는지'를 묻는 질문입니다. 대니는 아마도 화자일 수 있으므로 테이프 스크립트에 나오지 않

을 수도 있습니다. 하지만 다른 두 단어 혹은 그와 유사한 의미를 가진 것이 지문에 나타날 것입니다.

질문으로 봐서 긍정적인 형태를 띤 문제임을 알 수 있습니다. 수험생들은 아마 화자가 무엇을 가지고 간다 혹은 누군가가 질문을 하고 다른 사람이 동의하는 문장을 듣게 될 겁니다. 이 같은 상황에서 부정적인 문장에서는 정답이 될 가능성이 적으며 혹은 관계없는 사항을 언급할 수도 있으므로, 키워드와 관련된 문장에만 집중해야 합니다.

Script

Danny　: Well, the holidays are over for another year.

Mother : What will you need for school tomorrow?

Danny　: Well, we usually don't do much on the first day. There is no point to take my laptop.

Mother : Why don't you take a book if there isn't much to do?

Danny　: Yes, I think that might be a good idea.

대니 : 음, 방학이 되려면 다시 일 년이 지나야 되잖아.

엄마 : 내일 학교에 가져가야 할 게 있니?
→ 첫 번째 키워드가 나왔습니다. 지금부터 답이 될 만한 것이 올 수 있으므로 자세히 들어야 합니다.

대니 : 음, 보통 첫 날에는 별로 할 게 많지 않아요. 휴대용 컴퓨터를 가져갈 이유가 없어요.
→ 두 번째 키워드와 가능성 있는 답안이 나왔지만 부정형이기 때문에 계속 들을 필요가 없습니다.

엄마 : 별로 할 게 없다면 책을 가져가는 것이 어떠니?
→ 여기 두 번째 가능성 있는 답안이 등장합니다. 엄마가 질문을 하였고 대니의 대답을 들어야 합니다.

대니 : 네, 좋은 생각이네요.
→ 대니가 긍정적으로 대답을 했고 우리는 정답을 찾았습니다.

Example 2

Where will Sam go after visiting his grandmother?
A. School
B. The shops
C. His friend's house
D. The sports field

샘이 할머니를 방문한 후에 어디를 가려고 합니까?
A. 학교
B. 상점
C. 친구 집
D. 경기장

➡ 테이프에서 들어야 할 키워드 두 개는 visiting과 grandmother입니다. 하지만 중요한 또 다른 단어는 after입니다. 위의 예문에서, 샘이 할머니 집을 방문하기 전에 해야 할 일을 말하거나 혹은 할머니 집에 있는 동안 할 일을 이야기할 것입니다. 이에 관련된 문장은 정답을 포함하고 있지 않습니다. 문제의 핵심은 샘이 할머니 집을 방문한 후에 무엇을 할지에 초점을 두고 들어야 합니다. 문제에서 시간과 관련된 단어가 나오면 지문에 반드시 시간관련 표현이 등장하므로 주의 깊게 들어야 합니다.

2. 리스닝 준비방법

① '영어음성' 에 익숙해져라!
시험을 치르기 전에 영어음성에 익숙해지도록 노력하십시오. 여러 가지 방법으로 이런 연습을 할 수 있습니다. 영어로 된 TV프로그램을 켜 놓거나 라디오를 통해 '영어음성' 을 듣도록 합니다. 처음부터 집중하여 그 내용을 이해하려고 노력하지 않아도 됩니다. 단지 소리에 익숙해지면 됩니다. 소리에 점차적으로 익숙해져서 소리가 거북하게 느껴지지 않을 때 자신감이 생기고 그때부터 주의를 기울여서 시문 속에 나오는 단어나 구를 듣도록 힙니다.

하지만 프로그램에서 나오는 모든 내용을 이해하기 위해 단어 하나하나에 집중하지 않아도 됩니다. 보통 TV프로그램에 나오는 단어들은 구어나 속어 혹은 전문용어가 많아서 반드시 모든 것을 알 필요는 없습니다. 들리는 단어나 구를 먼저 듣도록 합니다. 주변에 영어로 대화할 수 있는 상대방과 대화를 자주 하는 것도 좋은 방법입니다. 이렇게 하면서 영어를 듣는 것이 부담스럽지 않고 이해하는 속도도 빨라집니다. 또는 영어로 진행되는 수업에 참여하거나 영어를 배우고자 하는 학생들과 대화를 시도해보시기 바랍니다.

② 시험보기 전

시험보기 일주일 전부터 실전연습을 통해 본격적으로 시험에 대비해야 합니다. 영어를 많이 들으면 들을수록 영어 청취가 편안해집니다. 시험 전날은 일찍 잠자리에 들어 충분한 수면을 취하도록 합시다. 밤늦게까지 새로운 내용을 공부하는 것은 현명한 방법이 아닙니다. 새로운 내용을 연습할 기회도 없을 뿐 아니라, 기억하기도 힘들 것입니다. 시험 당일 쾌적한 기분을 유지하려면 충분한 휴식이 필요합니다.

③ 고사장에서

첫 번째로 할 일은 '시험에 자신 있다'라고 생각하는 것입니다. 이렇게 하는 이유는 긍정적인 사고를 가지고 시험에 임할 수 있기 때문입니다. 스스로 최선을 다하게 되고 설령 예상하지 못했던 문제가 출제되더라도 혹은 공부한 내용이 잘 기억이 나지 않더라도 낙담하지 말고, 주어진 시간에 충실하십시오. 특히 익숙하지 않은 내용이나 처음 보는 주제가 나오더라도 절대 당황하지 않기를 바랍니다.

독자들도 잘 알다시피 리스닝시험은 테이프를 듣고 답을 고르는 문제가 출제됩니다. 특정 주제에 관한 전문지식을 평가하지 않습니다. 많은 사람들이 시험에 실패하는 주요인은 당황하기 시작하고 부정적인 생각을 갖기 때문입니다. 똑같은 상황이라도 생각하는 방향에 따라 다른 결과를 가져온다는 사실을 기억하십시오. 스스로 기운을 북돋우며 편한 마음으로 시험을 치르도록 합니다. IELTS에서 시험에 합격하거나 불합격하는 일은 없습니다. 만족한 결과가 나오지 않았다면, 다시 준비하여 원하는 점수를 획득하면 됩니다.

④ 시험을 치를 때

시험이 시작되기 전에 심호흡을 하고 편안한 마음을 갖도록 합니다. 주변 상황에 동요되지 말고 시험에만 집중합니다. 시험관의 지시에 따라 행동하십시오. 섹션과 섹션 사이에 주어지는 30초를 최대한 활용하여 다음 섹션의 문제를 훑어보고 키워드에 표시를 해둡니다. 황금 같은 시간에 이미 지나간 문제를 떠올릴 필요는 없습니다. 미리 들어야 할 사항을 확인하고 들을 준비를 하십시오. 혹시 다음 문제까지 읽을 수 있다면 금상첨화입니다. 문제를 들으면서 바로 정답을 적고, 시선은 다음 문제로 옮겨 예상되는 답안을 예측해보고 지문을 들으면서 답을 찾도록 합시다.

■ 섹션별 전략

1. 섹션 1

섹션 1은 두 사람 혹은 세 사람의 일상대화로 이루어집니다. 영어권 국가에서 생활하면서 자주 접하게 되는 상황이 설정됩니다. 예를 들어 주택을 임대하기 위해 친구에게 관련 사항을 물어보거나, 여행을 계획하기 위해 여행사에 문의하는 내용 등이 주로 출제됩니다.

실제 시험에서는 대화의 첫 부분을 두 번 들려줍니다. 첫 번째 질문이 시작되기 전까지 대화내용을 들려주고 예제를 보여줍니다. 이후 테이프를 대화의 시작부분으로 다시 돌리고, 반복되는 부분이 끝나는 지점에서 문제가 시작됩니다. 이렇게 하는 이유는 수험생들에게 테이프 음량과 대화속도를 적응시켜 주기 위해서입니다. 섹션 1만 이런 형식을 갖추고 있으므로, 다음 섹션 시작부터는 긴장을 늦추지 말고 집중을 해야 합니다. 섹션 1은 2개 부분으로 나뉘며, 두 가지 각기 다른 유형의 문제가 출제됩니다.

2. 섹션 2

섹션 2는 섹션 1과 매우 유사합니다. 영어권 국가에서 생활하면서 겪게 되는 일반적인 생활관련 주제로서 독백 혹은 대화체 형식입니다. 회의 혹은 토론, 자녀의 학교장이 전하는 말이 지문으로 사용됩니다. 때로는 연설 시작 전에 무엇에 관해 이야기할지 설명하는 경우도 있습니다. 각 섹션에 대한 충분한 이해가 있다면 관련 주제와 연관되어 이미 알고 있는 단어와 정보를 떠올려보세요. 주제에 대해 많은 정보를 알고 있지 않더라도, 청취가 시작되기 전에 벌어질 상황에 대해 예측을 하도록 합시다. 하지만 문제를 풀 때는 예측에 의존하지 말고 지문에 의거하여 답을 찾아야 하고, 시험지에 바로 정답을 기재해야 합니다. 물론 정답은 시험지에 직접 쓴 후에 나중에 옮기는 것이 시험전략 중 하나라는 사실을 기억하십시오.

3. 섹션 3

섹션 3는 섹션 1, 2와는 달리 대화에 참여하는 사람이 두 사람 혹은 그 이상으로 학술적인 주제를 다루게 되며 강의, 연설, 세미나 내용이 지문으로 사용됩니다. 섹션 3부터 생소한 단어들이 많이 나오고 전문용어들이 등장하여 지문의 난이도가 높아지기 시작합니다. 그러므로 문제를 먼저 읽어야 합니다. 시험지에서 키워드에 밑줄을 미리 그어 놓으면 지문 속에 문제와 관련된 답을 예상하는데 도움이 되며, 언제부터 집중을 해야 하는지 적절한 시간을 알 수 있습니다.

4. 섹션 4

이 섹션은 학술관련 주제로, 한 사람이 연설(강의)이나 설명을 하게 됩니다. 대학생활을 하면서 일어나는 상황에 관련된 내용 즉, 강의 혹은 오리엔테이션, 학과목 신청, 연사 초빙 간담회의 형식이 주류를 이룹니다. 학술적인 용어가 나오긴 하지만 절대 당황하지 말아야 합니다. 이 섹션에서는 들어야 할 것만 듣는다는 생각을 하십시오. 시험지를 살펴서 키워드와 힌트가 될 만한 단어와 연관된 부분이 나올 때 집중해서 듣도록 합니다. 복잡한 단어들은 문제와 관련이 없을 수도 있고 그 단어를 모른다고 시험점수에 영향을 미치지 않습니다.

그리고 하나 더 명심해야 할 것은 문제에 대한 정답을 맞힐 수 있다는 자신감을 가져야 합니다. 섹션 4가 어렵다는 생각에 미리 겁을 먹는다면 당황하기 쉽고 집중력이 떨어지게 됩니다. 시험보기 전에 정보를 파악하고 전략을 세워 꾸준히 공부했다면, 그 원칙과 문제 접근방법대로 문제를 풀면 됩니다.

또 한 가지 수험생들이 범하기 쉬운 오류는 주변상황 때문에 자칫 산만해질 수 있다는 사실입니다. 다른 학생들이 열심히 뭔가 적고 있으면, 본인만 혼자 문제를 해결하지 못하고 뒤쳐진다는 생각을 하게 됩니다. 그들이 모두 정답을 적고 있지는 않습니다. 시험에만 집중하고 본인의 전략에 따라 최선을 다하십시오.

Chapter 2

Question Types

출제형태에 따른 문제유형

리스닝시험을 치르는 동안 여러 가지 다른 문제유형을 만나게 됩니다. 문제유형에 따라 문제의 접근방법과
전략이 달라지기 때문에 하나씩 살펴보도록 합시다.

1. 메모완성형 문제 Notes Completion Question

Example

Complete the notes below.
Write NO MORE THAN THREE WORDS AND/OR NUMBER for each answer.

> **Best Property Ltd.**
> **Rent Information**
>
> Caller's Name   _____
> Caller's Contact Number   Phone : _____

테이프에서 제공되는 정보를 들으면서 메모를 채우는 문제유형입니다. 처음 해야 할 일은 메모를
주의 깊게 살피고 지시사항을 읽는 것입니다. 지시사항은 정답 기입 시, 단어나 숫자의 제한이 있을
수 있습니다. 지시사항을 따르는 것은 매우 중요합니다. 단어나 숫자의 제한을 초과하여 답을 작성
했을 때 맞는 정보를 썼더라도 오답으로 처리됩니다.

그 다음에는 주어진 메모 속에서 정보를 찾습니다. 주어진 시험지에 키워드를 표시하고 정답이 될
만한 것들을 생각해 봅니다. 예를 들면, 메모 안에 정답의 형식이나 때로는 문제의 정답이 메모 안
에 이미 제시되는 경우도 있습니다. 메모완성형 문제는 테이프를 들으며 답안을 작성해야 하는 문
제이므로 비슷한 단어를 생각해서 적으려 하지 말고 들리는 대로 적으면 됩니다. 다음은 메모완성
형에서 자주 출제되는 내용입니다.

```
1. 이름 Name
2. 전화번호 Phone Number
3. 전화를 건 이유 Reason for call
```

① 이름

첫 번째 문제가 이름과 관련된 것이라면 지문 속에서 화자들의 이름을 기억해야 합니다. 영어 이름은 보통 한 단어나 두 단어이며 이름의 첫 글자는 항상 대문자로 시작합니다. 이름과 관련되어 시작되는 문장이 무엇일지 생각해 봐야 합니다. 예를 들면, What으로 시작되는 문장(What is your name?)의 대답으로 이름, 중간 이름, 성이 나올 수 있으므로 문제에서 요구하는 부분이 나올 때를 기다려서 정답을 적도록 합니다. 이름은 보통 철자를 하나하나 불러주는 경우가 많고, 반복되는 경우도 종종 있습니다.

② 전화번호

두 번째 문제가 전화번호와 관련되었다면 숫자를 우선 떠올려야 합니다. 숫자에 주의를 기울여 듣습니다. 전화번호를 물어보는 질문은 What is your phone number?가 있습니다.

③ 전화를 건 이유

세 번째 문제가 전화를 건 이유를 묻는 경우, 정답을 단어로 기입하는 경우가 많으므로 단어의 제한이 있는지 한 번 더 지시문을 살피도록 합니다. How의 대답이 될 만한 질문은 보통 의문사 why나 What is the reason for your call? 정도가 있습니다.

● 문제 해결방법

```
1. 지시문 읽기
2. 문제 읽기
3. 예상답안 추측하기
4. 키워드 찾은 후 청취 시 키워드를 대신할 표현 추측하기
5. 들을 것만 테이프에서 듣기
6. 정답쓰기
7. 지시문에 따라 정확하게 답을 작성했는지 확인하기
```

2. 선택형 문제 Multiple Choice Question

선택형 문제는 주어진 선택지(A, B, C, D) 중에서 정답을 하나 고르는 유형입니다. 선택지에 나오는 문장은 녹음에 포함되어 있으므로 잘 듣고 답을 고르면 됩니다. 문제가 부정인지 긍정인지를 먼저 구분한다면, 무엇을 들어야 할지 미리 알게 됩니다. 예를 들어, Which of the following is~? 라는 질문의 경우, 이 문장은 긍정이므로 대답 역시 이 문장에 동의하는 것이 나오기 쉽습니다. 이와 반대로, 만일 질문이 부정이라면 부정형에 동의하는 문장이 나오게 됩니다.

또한 질문에서 키워드를 보면, 어느 시점부터 문제와 관련된 대답이 나올지 예상할 수 있습니다. 시험지에서 들었던 내용과 관계가 없거나 사실이 아닌 것으로 확인된 사항이 있으면 즉시 정답에서 제외시키도록 합니다.

Example

Which of the following <u>happens</u> on <u>Tuesday afternoon</u>?
A. Soccer practice
B. Extra lessons
C. After-school job
D. Going out for dinner

이 문제의 키워드는 happens와 Tuesday afternoon입니다. 키워드 Tuesday afternoon은 요일이나 시간에 관련된 표현입니다. 질문에 요일이나 시간 관련표현이 등장하면 녹음에도 여러 가지 요일이 나옵니다. 문제가 긍정이므로 만일 누가 Tuesday afternoon과 연관성이 없는 문장을 말하게 되면 그것은 정답이 아니라는 것을 알아야 합니다.

동사 happen이 지문 속에 반드시 나오리라는 보장이 없으므로 사람들이 행사에 관해 묻고 대답하는 상황을 미리 생각해봐야 합니다. 선택지와 관련된 설명이 항상 순서에 따르지는 않지만 어느 때는 주어진 선택지의 알파벳 순서대로 대화가 진행됩니다. 그러므로 모든 내용을 기억하면서 들어야 하고 동시에 4가지 선택사항을 염두에 두고 문제와 관련된 지문을 모두 듣고 난 후 정답을 고르도록 합니다.

Brian : I think we should get together and study some time this week.

Jenny : Sure, when would be good for you?

Brian : How about Wednesday evening?

Jenny : I'm sorry, I can't make that day as I work at the shop on Wednesday.

Brian : I'm free Thursday evening too, what about you?

Jenny : No, I'm afraid. I have some extra lessons on Thursday night. Can you make it on Tuesday at all?

Brian : My family is going out for dinner, but that is not until the evening. However, in the afternoon, I have soccer practice so I can't make it then.

브라이언 : 이번 주 시간을 내서 함께 모여 공부를 해야 할 것 같은데.

제니 : 그래, 언제가 편하니?

브라이언 : 수요일 저녁은 어때?

→ 요일이 나왔으므로 주어진 선택 사항 중에 하나를 제외시킬 수 있습니다.

제니 : 안 될 것 같은데. 수요일은 가게에서 일하기 때문에 시간을 낼 수 없어.

→ 선택지 C는 문제와 관련이 없으므로 계속해서 듣도록 합니다.

브라이언 : 나는 목요일 저녁은 한가한데, 너는 어때?

→ 다른 요일이 나왔으므로 주어진 선택사항 중에 하나를 제외시킬 기회입니다.

제니 : 안 돼, 미안해. 목요일 저녁에 과외가 있거든. 화요일로 정할 수는 없겠니?

→ 선택지 B를 정답에서 제외시키면 A와 D 중 하나가 정답이 될 수 있습니다. 두 번째 문장이 힌트입니다. 브라이언의 대답을 들어봅시다.

브라이언 : 우리 가족은 저녁식사를 위해 외출할 거야, 그러나 저녁에 나갈 거야. 하지만 오후에 축구연습이 있어서 시간을 맞출 수가 없어.

→ 브라이언이 가족들과 외식을 위해 외출한다고 말했지만 저녁에 나간다고 말하므로 선택지 D는 정답에서 제외됩니다. 우리는 이제 한 가지가 정답일 가능성이 있지만 확인을 위해 다음 문장을 들어야 합니다. 브라이언이 오후에 축구 시합이 있다고 했습니다. 여기에서 정답 A를 확실히 고르게 됩니다.

선택지가 위의 예문처럼 순서대로 나오지 않으므로 각 선택지를 모두 체크해야 합니다. 비록 정답이라고 생각이 들더라도 다른 선택지들이 완전하게 제외될 때까지 계속 들어야 합니다.

때로는 선택형 문제에서 정답을 두 개 고르라고 합니다. 선택형 문제에서 2개의 답을 선택해야 하는 경우도 방법은 1개를 고르는 것과 같습니다. 기억해야 할 중요한 점은 특정한 순서에 의해 답안을 기록할 필요가 없다는 것입니다. 만약 첫 번째 답안이 테이프에서 E에 대한 설명이고 두 번째 답안이 B에 대한 설명일 경우 답안지에 B, E의 순서대로 쓸 필요는 없습니다. 하지만 지시문에서 2개의 답을 고르라고 했는데 1개만 적었다면 정답처리가 되지 않습니다. IELTS 리스닝 채점 시 반점을 주지 않으므로, 지시문에서 요구하는 대로 답안을 정확하게 작성해야만 정답처리가 됩니다.

◐ 문제 해결방법

1. 지시문 읽기
2. 문제와 선택지 읽기
3. 키워드 찾은 후 청취 시 키워드를 대신할 표현 추측하기
4. 녹음내용이 선택지를 어떻게 설명할지 생각하기
5. 문제가 긍정인지 부정인지 확인하기
6. 테이프에서 들을 것만 듣기
7. 테이프에서 선택지 설명부분 듣기
8. 선택지 설명이 문제와 일치하는지 확인하기
9. 지시문에 따른 답안 개수를 적었는지 확인하기

3. 지도/그림에 이름 붙이기형 문제 Labeling a Map/Diagram Question

① 지도에 이름 붙이기 Labeling a Map Question

지도를 보여주고 위치를 묻습니다. 첫 번째, 지도에서 시작점(Starting Point)을 찾는 것입니다. 시작점을 알지 못한다면, 테이프에서 지시하는 사항대로 따라갈 수 없으므로 시작점을 아는 것은 매우 중요합니다. 두 번째, 방향에 대해 생각해야 합니다. 예를 들면, 왼쪽 그리고 오른쪽, 지나고 길을 건너는지 등에 주의를 기울입니다. 테이프 진행에 따라 시작점에서부터 순서로 언급이 됩니다. 지도에 미리 건물 이름이 적혀 있습니다. 일부는 시작점으로 사용되거나 답안과 관련된 그림일 수 있지만, 전혀 답안과 관련 없는 함정을 만들기 위해 미리 이름을 적어 놓는 경우가 있으므로 특히 조심해야 합니다.

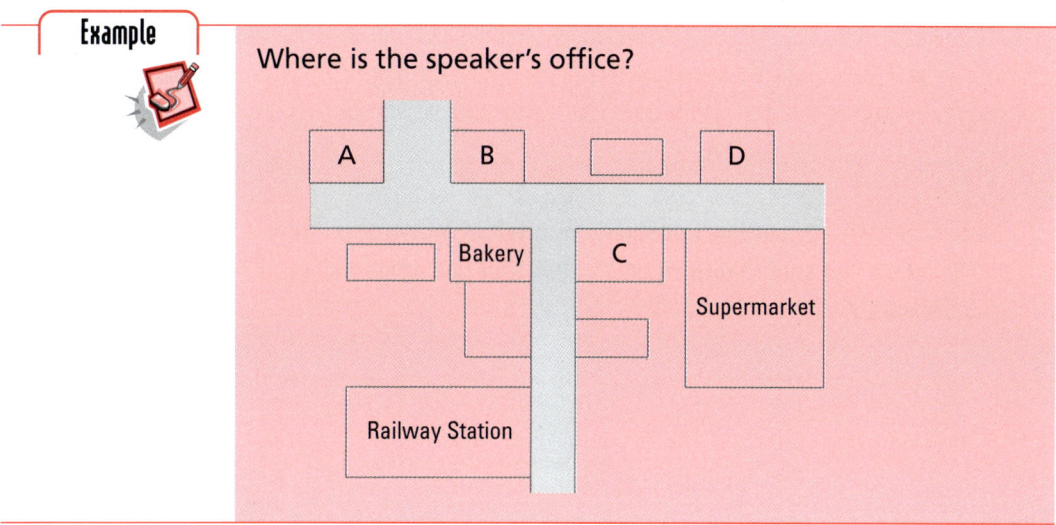

Example

Where is the speaker's office?

건물 3곳에 이름이 적혀 있습니다. 그러므로 이들 중 한 곳이 시작점이 될 수 있으므로 3곳의 명칭을 고려하여 듣도록 합니다. 한 곳을 제외한 나머지 건물은 문제와 관련이 있을 수도 없을 수도 있습니다. 그럼 테이프 스크립트를 살펴봅시다.

From the railway station① you should turn left into the main street.② When you reach the T junction you should turn right.③ You will see our offices along the road, opposite the supermarket.④

기차역(① Railway station이 Starting Point이므로 여기에서부터 시작해야 합니다.)에서 중심가를 향해 왼쪽으로 돌아야 합니다.(② 만일 당신이 기차역에 있다고 가정하고 왼쪽으로 돌게되면 지도 위 부분의 건물을 향하게 되고, 길이 끝나는 지점에서 오른쪽으로 돌든지 혹은 왼쪽으로 돌든지 선택을 해야 하므로 어느 쪽인지 확인을 위해 잘 듣도록 합시다.) 분기점에 도착하면 오른쪽으로 돌아야 합니다.(③ 이 뜻은 건물 A와 B는 관련이 없으므로, 지금부터는 슈퍼마켓과 관련하여 주변 건물을 설명할 가능성이 높으므로 키워드인 슈퍼마켓에 주의를 기울이도록 합니다.) 길가에 사무실이 보이는데, 슈퍼마켓 건너편에 있습니다.(④ 건물 C는 슈퍼마켓 옆에 위치하고 건물 D는 길을 건너 맞은편에 있으므로 정답은 D입니다.)

위의 예문은 매우 짧은 시간에 진행되므로 꼭 들어야 할 단어를 놓쳐서는 안 됩니다. 정보와 관련된 단어를 볼드로 처리해보면 아래와 같습니다. 여기서 알 수 있듯이 이 지문에 사용된 문장은 일상생활에서 사용되는 구어체가 대부분이므로 집중하여 들을 준비를 해야 합니다.

From the **railway station** you should **turn left** into the main street. When you reach the **T junction** you should **turn right**. You will see our offices along the road, **opposite the supermarket**.

◉ 문제 해결방법

1. 지도를 주의 깊게 살피기
2. 지도에서 명칭(이름)이 붙여진 곳을 찾기
3. 방향과 관련된 단어 생각하기
4. 테이프를 들으며 시작점 듣기
5. 테이프에서 주어진 방향 따라가기
6. 정답쓰기

② 그림에 이름 붙이기 Labeling a Diagram Question

Example

Label the parts of a glacier.
Choose the appropriate letter A~D in boxes 36~38 on your answer sheet.

A. Accumulation zone
B. Bowl shaped gouge
C. Deposition zone
D. Ice front

그림을 보면서 본인의 사전지식을 이용하여, 그림의 각 부분의 명칭을 생각합니다. 그리고 그림 속에서 각 부분이 어떻게 묘사될지 상상해보세요. 위치와 관련된 단어는 필수적이므로 반드시 기억해야 합니다. 번호가 매겨져 있는 문제를 보고 그림에서 위치를 살피십시오. 그것이 왼쪽 또는 오른쪽에 있는지, 꼭대기 혹은 바닥에 있는지, 위에 있는지 아래에 있는지 등을 묘사될 사물의 모양(특징)과 함께 살펴야 합니다. 주변의 사물도 관찰해야 합니다. 그림에 보이는 정보는 들어야 할 부분에 대한 결정적인 힌트가 될 수 있으므로 그림을 주의 깊게 보는 것이 중요합니다.

그림과 지도에 이름 붙이기는 답이 리스트로 미리 주어져 골라 넣는 형식이 되기도 합니다. 주어진 답의 리스트는 알파벳 순서에 따르지만 테이프는 그 순서대로 설명하지 않으므로 주의해야 합니다. 이런 경우 리스트에 주어진 단어를 미리 읽어 발음에 익숙해지도록 하고 가능한 답안 앞에 붙은 글자를 기억하여(A. Information desk B. Restroom) 위의 순서에 따라 테이프를 듣고 답안을 작성해야 합니다. 테이프를 들으면서 답을 찾았다면, 메모를 하고 해당되는 문제에 답을 쓰도록 합니다.

● 문제 해결방법

1. 그림을 주의 깊게 살피기
2. 이름을 붙여야 하는 사물의 위치 노트하기
3. 위치 관련단어를 기억하고 사물에 어떻게 적용할지 기억하기
4. 사물을 보고 어떻게 설명될지 생각하기
5. 사물에 대해 알고 있는 사전지식 생각하기
6. 테이프에서 사물의 이름 듣기
7. 정답쓰기

4. 표완성형 문제 Table Completion Question

표완성형 문제는 도표와 관련, 녹음을 듣고 도표를 완성하는 것입니다. 학생들은 단어나 숫자를 이용하여 빈 곳을 채워서 표를 완성해야 합니다. 답안에 사용될 단어의 숫자에 제한이 있으므로 유의하시기 바랍니다. 이런 문제가 나왔을 때 처음 해야 할 일은 도표의 제목을 읽는 것입니다. 질문에 대답하기 위한 정보를 미리 파악할 수 있기 때문입니다. 두 번째, 이미 표에 적혀져 있는 모든 사항들을 살펴야 합니다. 표에 대한 분석을 잘 할 경우, 다음과 같은 두 가지 이점이 있습니다.

① 표에 적어야 할 답안의 형태를 미리 알 수 있습니다. 예를 들면, 같은 칸에 이미 적혀 있는 단어 앞에 정관사 the가 있는 경우, 정답은 정관사 the를 포함해야 합니다.

② 표에 적혀 있는 다른 단어들을 생각하며 테이프를 들으면서 표에 적혀 있는 다른 단어들을 이용할 수 있습니다. 만일 표에 적혀 있는 단어들을 따라서 테이프를 들을 수 있다면, 설령 들어야 할 부분을 놓쳤더라도 그것들을 기준으로 재빨리 다음 부분을 찾아 갈 수 있습니다.

다음 예제를 보면서 표완성형 문제에 대해 좀 더 알아봅시다.

Complete the following table USING NO MORE THAN THREE WORDS OR A NUMBER.
3단어 이내의 단어와 숫자로 다음 표를 완성하시오.

User	Sports	Time	Weather Forecast
The Soccer club	Soccer	1.	Fine
2.	Tennis	2 : 45 pm	Cloudy
The University club	3.	3 : 20 pm	Rain
The Smith family	Basketball	7 : 15 am	4.

문제 1. 도표의 제목(Time)을 보면 시간과 관련된 질문임을 알 수 있고 답안의 형식은 X : XX am 혹은 X : XX pm이라는 것을 다른 칸에 적혀 있는 내용(2 : 45 pm, 3 : 20 pm, 7 : 15 am)들을 통해 짐작할 수 있습니다. 또한 첫 번째 줄의 세 가지 키워드가 이 문제와 관련이 있으므로 The soccer club / soccer / weather fine과 연관되어 나오는 시간을 주의해서 듣고 정답을 찾아내면 됩니다.

문제 2. 도표의 제목을 보면 단체명이나 이름과 관련된 질문임을 알 수 있고 답안의 형식은 명사형으로 정관사 the를 포함한다는 것을 짐작할 수 있습니다.(The Soccer club / The University club / The Smith family) 또한 모두 고유명사이므로 반드시 대문자로 시작하여 답을 적어야 합니다.

문제 3. 정답이 운동 종목 중의 하나임을 쉽게 알 수 있으며, 운동 종목이 나올 거라는 것을 짐작하고 미리 준비를 해야 합니다.

문제 4. 날씨에 관해 언급할 것이며 기상과 관련된 단어를 떠올려, 답안이 될 만한 기후조건을 들을 준비를 하십시오.

● 문제 해결방법

1. 지시문 읽기
2. 도표의 제목 읽기
3. 도표 형식 파악하고 힌트로 삼기
4. 제목과 관련된 단어 생각하기
5. 테이프에서 들을 것만 듣기
6. 정답쓰기
7. 정답이 도표 형식과 같은지 확인하기

5. 문장완성형 문제 Sentence Completion Question

Complete the following sentences using NO MORE THAN THREE WORDS.

In the first week the students measured the number of regular customers and how _____ type of sushi was.

녹음정보를 통해 문장을 완성하는 문제유형입니다. 문장완성형 문제는 지문의 내용을 들을 수 있는 능력과 영어문법을 평가하기 때문에 리스닝시험 유형 중 완성도가 높은 문제 유형입니다. 가장 먼저 해야 할 일은 지시문을 읽고 문장을 완성하기 위해 사용되는 단어 수에 제한이 있는지 확인합니다. 이는 정·오답 처리에 관한 우선 평가기준이 되기 때문입니다.

지시문이 Complete the following sentence USING NO MORE THAN THREE WORDS.이고 문제가 The most common reason people moved to the suburb was for _____.일 경우를 살펴봅시다. 예를 들어 이 문제의 정답을 to start a family라고 쓰면, 단어 수가 네 개이므로 오답으로 처리됩니다. 문제의 문장구조를 파악하여 동사의 시제와 형태가 무엇일지 생각해야 합니다. 전치사 for 다음에는 명사나 명사형이 되어야 하므로 동사의 명사형인 동명사 starting a family를 적으면 됩니다.

● 문제 해결방법

1. 지시문 읽기
2. 문장 읽기
3. 키워드 찾은 후 청취 시 키워드를 대신할 표현 추측하기
4. 테이프에서 들을 것만 듣기
5. 정답쓰기
6. 정답이 지시문과 합당한지 확인하기
7. 정답이 문법적으로 정확한지 확인하기

6. 단답형 문제 Short Answer Question

이 문제는 문장완성형 문제와 매우 유사합니다. 차이가 있다면 단답형 문제는 완전한 문장형태의 문제에 대한 정답을 적는 것입니다. 문제 접근방법과 전략은 문장완성형과 비슷합니다. 첫 번째, 지시문을 주의 깊게 읽은 다음 답안 작성 시 제한된 단어 숫자를 확인합니다. 보통은 세 단어 이내이지만 때로는 한 단어만 사용하는 경우도 있습니다. 다음 단계는 문제를 살펴보도록 합니다. 시험지에 사용된 단어를 참고하여 정답을 찾는 데 결정적인 단서를 찾을 수 있습니다. 품사 혹은 동작을 꾸미는 말, 장소를 나타내는 곳, 사람, 이유 그리고 사건이 진행된 순서를 설명하기도 합니다. 이런 것들을 메모하여 답안을 작성할 때 문제의 유형에 맞는 답을 적었는지 확인합니다.

● 문제 해결방법

1. 지시문 읽기
2. 문장 읽기
3. 키워드 찾은 후 청취 시 키워드를 대신할 표현 추측하기
4. 테이프에서 들을 것만 듣기
5. 정답쓰기
6. 정답이 지시문에 합당한지 확인하기
7. 정답이 문법적으로 정확한지 확인하기
8. 정답이 문제유형과 일치하는지 확인하기

7. 분류형 문제 Classification Question

Match the movements in share prices to the time period that they occurred. Put your answer A~D next to the date.

A : Share prices rose
B : Share prices remained steady
C : Share prices decreased slowly
D : Share Prices crashed

1. Early September 1929 _____

2. Early October 1929 _____

분류형 문제는 테이프를 들으면서 여러 가지 제시되는 분류기준에 따라 답을 적어야 합니다. 첫 번째로 할 일은 서로 다른 분류기준을 읽어야 합니다. 그 다음 이 단어를 묘사하기 위해 사용될 수 있는 다른 단어들을 생각합니다. 분류되는 이름과 유사한 단어들이 문제의 정답을 찾는데 중요한 단서가 됩니다.

이 대목에서 주의해야 할 사항은 선택사항들이 확연히 다른 분류로 구분되기도 하지만 두 가지 다른 범주에 공통으로 속하는 선택사항들도 있습니다. 즉, 이런 경우는 만일 한 범주에 속하는 문장을 들었다면, 그 문장이 다른 범주에 속하는지도 동시에 확인해야 합니다. 테이프에서 해당 문제가 나오는 동시에 정답이 나오게 되므로 혹시라도 문제를 놓쳤다면 그대로 남겨두고 다음 문제로 넘어가야 합니다. 놓친 문제에 연연하다가 나머지 문제에 대한 정답을 들을 기회를 놓칠 수 있습니다.

❍ 문제 해결방법

1. 주어진 분류기준 읽기
2. 분류기준에 해당하는 단어를 묘사하기 위해 쓰이는 다른 방법 생각하기
3. 문제 읽기
4. 키워드 찾은 후 청취 시 키워드를 대신할 표현 추측하기
5. 테이프에서 들을 것만 듣기
6. 분류기준에 맞게 답을 작성했는지 확인하기
7. 정답이 각기 다른 분류인지 혹은 두 가지 다른 범주에 속하는 공통사항인지 주의 깊게 듣기

의문사 분류에 따른 문제 유형

1. What Question

일반적으로 '~을 하다'와 관련된 형식이 많습니다. 즉, What is _____ doing?에 대한 대답은 동사일 경우 – 예를 들면, He (She) is cleaning the car. 혹은 He (She) is studying for school.입니다. '하다'와 관련된 동사를 묻는 경우 이외에 '명사'를 대답해야 하는 경우도 있습니다. 예를 들면 What is the biggest city you have visited?의 대답은 Seoul 혹은 그와 유사한 명사형이 됩니다.

What은 또한 이미 알고 있는 것에 대한 더 많은 정보를 찾는 데 사용될 수도 있습니다. 이러한 경우 대답은 문제에서 명사를 수식하는 형용사 혹은 일반명사를 수식하는 대명사가 됩니다. 의문사 What 다음에 명사나 kind 혹은 type 등이 따라오기도 합니다.

Q. **What** color is the soccer team's shirt?
A. red

What을 이용하여 시간을 묻는 경우도 있습니다.

Q. **What** time will they go to the cinema?
A. 5 o'clock

□ 정답 표현

What의문문에 대한 정답은 명사 혹은 동사입니다.

① 동사
Q. **What** is he doing?
A. (He is) reading

Q. **What** is Sarah going to do on Saturday?
A. (She will) visit her friend

Q. **What** did Claire do last Friday night?
A. She went out for dinner.

② 명사
Q. **What** is the most popular drink in the cafeteria?
A. Coffee

Q. **What** are they worried about?
A. Their final exams

③ 사람 / 사물에 관한 정보 확인
Q. **What** colour is his shirt?
A. (It is) purple

Q. **What** school will your son go to?
A. (He will go to) Park Estate school

Q. **What** time does the movie start?
A. 7 : 15 pm.

2. Who Question

의문사 Who는 누구를 묻는 질문이므로 사람 혹은 단체가 정답으로 등장할 확률이 많습니다. 또 다른 경우, 화자(A and B) 중에 특정 행동을 하는 사람을 찾는 문제도 있습니다.

□ 정답 표현

Q. **Who** will James go shopping with?
A. his wife / his children

Q. **Who** is going to write the first section?
A. Bob

Q. **Who** will be joining Mark at the party?
A. his friends

3. Where Question

Where에 관한 질문의 대답이 되는 것은 장소, 목적지 또는 목표 등입니다.

Q. **Where** are they going for dinner?
A. A Thai restaurant (식당 이름)
A. His friend's house (사람의 집)
A. To Gangnam (장소)

때로는 성취하고 싶은 목표를 대답해야 합니다. 목표를 대답할 때 시제는 대부분 미래형을 사용하고 답안은 동사 다음에 명사가 오는 형태를 취합니다.(Running 동사 + his own business 명사 = Running his own business)

Q. **Where** would John like to be in ten years time?
A. Running his own business
A. Looking after a big family
A. Retired and living in Miami

□ 정답 표현

Q. **Where** are Kate and Henry going for their anniversary?
A. (They are going) to Jeju island

Q. **Where** are the boys hiding?
A. (They are) in the cupboard

Q. **Where** is the remote control?
A. (It is) under the table

Q. **Where** was the 2002 Soccer World Cup held?
A. (It was held in) Korea and Japan

Q. **Where** would David like to be in ten years time?
A. (He would like to be) running his own business

4. Why Question

Why에 대한 대답은 이유를 말해야 합니다. 실제시험에서는 because나 as 다음에 나오는 문장이 대부분 정답이 됩니다.

□ 정답 표현

Q. **Why** are they playing golf tomorrow?
A. It will be fine tomorrow.
A. They need the practice.

Q. **Why** is Peter going to London?
A. To attend his friend's wedding

Q. **Why** are the students unhappy?
A. Because they got low marks in their test.

Q. **Why** is the speaker looking forward to the weekend?
A. He is going to the movies.

5. When Question

When에 관한 질문의 대답은 특정 시간으로 연도, 날짜, 요일, 시간, 오후와 같은 일반적인 시간, 계절 등입니다. When의 질문에 답하기 위해서 특정 시간을 찾아야 합니다. 참고로 기간에 대한 대답은 How의문문의 경우입니다.

Q. **When** are you going to prepare the Kimchi?
A. At 4 o'clock
A. On Tuesday
A. Tomorrow
A. In January
A. This afternoon

□ 정답 표현

Q. **When** was the tower built?
A. (It was built in) 1959

Q. **When** will you finish your homework?
A. (I will finish at) 6'oclock

Q. **When** was your Science exam?
A. (It was) last week

Q. **When** did it last rain here?
A. (It rained) yesterday afternoon

6. Which Question

Which에 관한 질문의 대답은 여러 가지 선택 사항 중 하나입니다. 따라서 보통 선택형 문제에 많이 사용됩니다. 테이프에서 여러 가지 선택사항을 언급할 것이고 화자는 그 중에 최소 한 가지를 선택할 것입니다. Which에 관한 질문일 경우 정답은 한 개 혹은 두 개가 될 수도 있습니다.

□ 정답 표현

Q. **Which** bus will Brian take 'the A 20 or the A 30'?
A. the A 30

Q. **Which** school does Fred go to?
A. Carr Road school

7. How Question

How에 관한 질문의 대답은 무엇을 하는 방법을 설명하거나 수단을 묘사하는 것입니다.

Q. **How** did Sandra get such good marks?
A. She studied very hard.
A. She cheated.
A. She had extra lessons.

Q. **How** many days holiday does Steven have left?
Q. How tall is that tree?
Q. How old is your father?

How는 What과 유사하게 사용되기도 하는데 이런 문제일 경우 양(amount)이나 수준(level)을 묘사하는 단어와 함께 쓰입니다. How에 해당하는 대답은 숫자나 측량에 관련된 것이 정답이 됩니다.

□ 정답 표현

① 수단
Q. **How** is Richard going to get to school?
A. (He will go) by bus
A. He will take the bus.

② 방법
Q. **How** did Charles get into the building?
A. He used his key.

③ 양
Q. **How** much does it cost to get into the zoo?
A. Ten dollars

Q. **How** many ducks are in the pond?
A. Four

④ 수, 거리, 기간

Q. **How** tall is George?
A. (He is) 185 centimetres

Q. **How** much does that bag of rice weigh?
A. (It weighs) 8 kilograms

Q. **How** long will they be away for?
A. (They will be away for) three days

8. 기타 유형

이 밖에 다른 문제유형으로는 (1) 주어와 동사의 위치가 바뀌면서 의문형이 되어 질문하는 경우, (2) 화자가 문맥의 마지막 부분에서 억양이 올라가는 경우, 또는 (3) 부가의문문을 사용하여 반응을 유도할 때, 위와 같은 질문에 대한 대답은 Yes / No 혹은 True / False입니다.

Is Michelle going to sing a song?
→ be동사 의문문

Paul is going to the movies tonight?
→ 구어체 표현 : 주어+동사...?

It's a lovely day today, **isn't it**?
→ 부가의문문

🗒 Exercise

다음 문제를 보고 어떤 대답을 해야 하며, 힌트가 되는 단어(cue word)가 무엇인지 알아봅시다.

1. Who will come to the house?

2. How will Kim go to the movies?

3. When will Paul and Nina go to Russia?

4. Why is the boy feeling sad?

5. What is the speaker going to do this afternoon?

6. Where will James go before school?

7. Which house does Brendon live in now?

8. How many exams does Carol have this week?

9. Where did Mark go for his holiday last year?

10. Why did the golf tournament get cancelled last year?

11. Who chose to write the first chapter of the book?

12. When is this year's song contest going to be held?

13. What dish did Jane choose when she went out for dinner last night?

1. 누가 집에 올 것입니까? – 사람(person)
   힌트 단어 : come, house

2. 킴은 어떻게 영화관에 갑니까? – 방법(method)
   힌트 단어 : Kim, go, movies

3. 폴과 니나는 언제 러시아에 갑니까? – 특정시간(specific time)
   힌트 단어 : Paul, Nina, go, Russia

4. 왜 소년이 슬픕니까? – 이유(reason)
   힌트 단어 : boy, feeling sad

5. 화자가 오늘 오후에 무엇을 할 것입니까? – 동사(verb)
   힌트 단어 : I*, going to do, this afternoon
   ➡ 문제에서 화자를 언급했으므로 *I가 중심어가 될 것입니다. 테이프를 듣게 되면 화자는 그/그녀 자신을 I(나)로 지칭할 것입니다.

6. 제임스가 학교에 가기 전에 어디에 갈 것입니까? – 장소(place)
   힌트 단어 : James, school, before

7. 브랜든이 지금 어느 집에서 살고 있습니까? – 여러 선택 사항 중 하나(a choice from several options)
   힌트 단어 : Brendon, house, live in, now

8. 캐롤이 이번 주에 몇 과목의 시험이 있습니까? – 숫자(How many)
   힌트 단어 : Carol, exams, this week

9. 마크가 작년에 어디로 휴가 갔습니까? – 장소(Where)
   힌트 단어 : Mark, go or went*, holiday, last year
   ➡ 작년에 대해 말할 때 go에 해당하는 단어로 go의 과거형인 went가 사용될 것입니다.

10. 왜 작년에 골프 경기가 취소되었습니까? – 이유(reason)

　　힌트 단어 : golf tournament, cancelled, last year or a year ago

　　➡ a year ago는 사건이 일어난 바로 일 년 전을 묘사하는 또 다른 방법입니다.

11. 이 책의 첫 장을 누가 쓰기로 했습니까? – 사람(person)

　　힌트 단어 : I will or I can, write, first chapter, book

　　➡ 사람들이 미래에 무엇인가 선택하려고 할 때 I will do ----- 혹은 I can write로 말하게 되므로 이것들이 힌트가 됩니다.

12. 금년 노래경연대회는 언제 열립니까? – 특정 날짜 혹은 요일(a specific date or day)

　　힌트 단어 : song contest, will be or is going to be, held

　　➡ 미래에 일어날 사건을 말하는 두 가지 방법은 will be와 is going to be입니다.

13. 제인은 어젯밤 저녁 외식을 할 때 어떤 요리를 골랐습니까? – 음식의 종류(type of food)

　　힌트 단어 : had or ate, Jane, dinner, last night

　　➡ 제인이 과거에 저녁으로 선택한 것을 묘사하는 두 가지 방법은 had와 ate입니다.

기본표현 익히기

다음 사항들은 IELTS 리스닝시험에 국한되지 않고 일상회화나 일반시험에 공통으로 도움이 될 만한 자료를 모았습니다.

1. 이름

영어에서는 사람이름, 도시이름, 거리이름 등 고유명사는 항상 대문자로 시작해야 합니다.

Peter Jones (person)	New York (city)	Abbey Road (street)
Han River	Mount Baekdu	

영어로 이름을 표기할 때 이름이 앞에 오며 성은 마지막에 옵니다. 비록 스크립트에는 이런 순서가 그대로 적용되지 않는 경우도 있지만 만일 전혀 듣지도 못한 이상한 이름이 나온다고 당황하지 마십시오. 곧바로 수험생을 위해 이름을 철자로 불러줄 것입니다.

Caller: Can I have your name please?
Salesperson: Miss Turnbull
Caller: Can you please spell that for me?
Salesperson: T-U-R-N-B-U-L-L

→ 영어이름인 Turnbull을 모르더라도 영어단어인 turn과 bull을 알고 있는 경우, Salesperson이 '왼쪽으로 돌다'의 turn과 농불의 일송인 bull의 합성어라고 말해 줄 수도 있으므로 당황하지 말고 끝까지 듣도록 합시다.

□ 사람이름과 장소 관련표현

1. 사람
□ What's your name?
□ Who should I ask for?
□ Who do I need to speak to?
□ Who is speaking?

2. 장소
- □ Where are you going?
- □ Where is that?
- □ Which street is that on?

2. 전화번호

전화번호 혹은 팩스번호를 물어본다면 번호에 주의를 기울여야 합니다. 전화번호는 다른 형태의 숫자와 약간 다른 방법으로 표시됩니다. 즉 보통 숫자는 일, 십, 백, 천 단위를 합하여 읽지만 전화번호는 숫자를 각각 읽게 됩니다.

□ 354 7120   three-five-four-seven-one two-zero

하지만 동일한 숫자가 나란히 올 경우 화자는 숫자를 두 번 읽기도 하지만 double이라는 단어를 사용하기도 합니다.

□ 228 9934   double two-eight-double nine-three-four

또한 동일한 숫자가 3번 반복 될 경우는 숫자를 세 번 반복해서 읽기보다는 triple이라는 단어를 사용합니다.

□ 210 3339   two-one-zero-triple three-nine

그럼 숫자 4개가 반복될 때는 어떻게 사용할까요? 이때는 숫자 덩어리를 두 개로 나누어 두 번 반복하여 읽게 됩니다.

□ 478-2222   four-seven-eight-double two-double two

3. 일반 숫자

인구, 숫자 혹은 수량을 물어 보는 질문은 숫자에 0이 몇 개 있느냐를 정확하게 알아야 합니다.

1	one	10	ten
100	one hundred	1,000	one thousand
10,000	ten thousand	100,000	one hundred thousand
1,000,000	one million		

큰 수에서 시작하여 작은 수를 읽고, 콤마를 기준으로 3단위(백, 십, 일)로 나누어 읽도록 합니다.

□ 4,752,928 four million, seven hundred and fifty two thousand,
nine hundred and twenty eight

0이 두 번째 위치에 올 경우 무시하십시오.

□ 7,091,120 seven million, ninety one thousand, one hundred and twenty

and는 백 단위와 십 단위 사이에 사용합니다.(또는 백 단위가 0일 경우 천 단위와 십 단위 사이에 사용합니다.)

□ 921 Nine hundred and twenty one

4. 소수점

소수점(Point)을 읽는 방법은 소수점을 기준으로 (1) 앞부분은 보통의 숫자로 읽고 (2) 뒷부분은 숫자를 하나씩 읽습니다. (3) 소수점 앞이 0일 경우 무시하시고 포인트부터 읽어갑니다.

(1) 36.2 thirty six point two
(2) 9.24 nine point two four
(3) 0.52 Point five two

5. 분수

분수의 형태는 $\frac{1}{2}$, $\frac{2}{3}$와 같습니다. 읽는 방법은 분자를 먼저 읽고 분모를 나중에 읽습니다. 분자는 서수(one, two..)로 읽고 분모는 기수(first, second...)로 읽되, 분자가 복수일 경우 분모도 복수형으로 일치시켜야 합니다.

- $\frac{1}{2}$ a half, half of or one half
- $\frac{1}{3}$ a third or one third
- $\frac{1}{4}$ a quarter or one quarter
- $\frac{2}{3}$ two thirds
- $\frac{3}{4}$ three quarters

정수와 분수가 혼합되어 사용될 경우 정수를 먼저 읽고 분수를 나중에 읽습니다.

- $9\frac{1}{2}$ nine and a half

6. 시간

시간의 경우 보통 소수점을 사용하는데 시간과 분을 소수점으로 구분하며 읽는 방법은 소수를 무시하고 시간을 먼저 읽고 분을 읽으면 됩니다. 혹은 전치사 past(after), to를 사용하기도 합니다.

▢ 3시 30분 **thirty past three** 30분이 지난 3시
                   thirty to four 4시 30분전
                   half past three 반이 지난 3시
▢ 3시 15분 **a quarter past three**
▢ 3시 45분 **a quarter to four**

▢ **2:00** two o'clock
▢ **2:15** a quarter past two
▢ **2:20** twenty past two
▢ **2:30** half past two
▢ **2:45** a quarter to three
▢ **2:50** ten to three

▢ **mid-day or noon** 12시 (정오)
▢ **midnight** 12시 (자정)

정오와 자정에 관련하여 am과 pm을 어떻게 적용할지에 관한 논란이 있지만 자정은 12am으로 정오는 12pm으로 표시합니다. 아침은 보통 정오 이전을 말합니다.(Morning is used to describe the time before noon.) 점심은 보통 정오부터 오후 5시까지입니다.(Afternoon is used to describe the time between noon and five o'clock). 저녁은 보통 오후 5시부터 오후 9시까지입니다.(Evening is used to describe the time between five o'clock and nine o'clock.) 밤은 보통 오후 9시부터 자정까지입니다.(Night is used to describe the time between nine o'clock and midnight.)

7. 날짜

영국식 날짜는 date(날짜), month(달), year(연도)순으로 표시합니다. 이 때 날짜와 달 사이에 사용되는 전치사는 of입니다. 날짜는 항상 서수로 읽고, 연도를 읽을 경우는 두 개씩 나눠서 읽습니다. 연도에서 앞의 두 자리 숫자는 세기를 나타냅니다(1977년 nineteen seventy-seven). 2000년은 two thousand로 읽고 2008은 two thousand eight로 읽습니다.

☐ **23/10/1984 twenty third of October, nineteen eighty four**

☐ **요일**

Monday 월요일	**Tuesday** 화요일
Wednesday 수요일	**Thursday** 목요일
Friday 금요일	**Saturday** 토요일
Sunday 일요일	**weekend** 주말
week 주	**fortnight** 14일 간격

8. 방향

지도이름 붙이기 문제를 풀기 위해 방향 관련표현을 숙지해야 합니다.

☐ **turn around** 왔던 방향으로 다시 돌아가다
☐ **straight through or straight ahead** 교차로에서 직진을 하다
☐ **go across** 건너가다 **go across the road** 길을 건너다
☐ **go over** 건너다(아래에 다른 사물이 있을 경우를 말한다) **go over a bridge** 다리를 건너다
☐ **Take the first street on your left (or right).** 첫 번째 길에서 왼쪽(오른쪽)으로 도세요.
☐ **before you reach** ~에 이르기 전에
☐ **past** ~을 지나서
☐ **around the corner** 코너를 돌자마자

① 건물에서의 위치

지도나 그림에서 위치에 익숙해야 합니다. X빌딩을 기준으로 하여 건물을 설명하는 방법에 대해 알아봅시다.

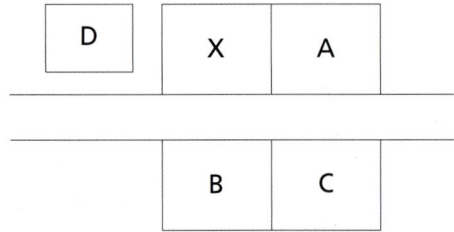

□ **Building A is next to Building X.**
A빌딩은 X빌딩 옆에 있다.

□ **Building A is beside Building X**
A빌딩은 X빌딩 옆에 있다. (A와 X빌딩이 같은 위치에 있을 때.)

□ **Building B is opposite Building X.**
B빌딩은 X빌딩 반대편에 있다.

□ **Building B is across from Building X.**
B빌딩은 X빌딩 건너편에 있다. (B가 X빌딩과 건너편에 마주하고 있을 때.)

□ **Building C is diagonally opposite Building X.**
C빌딩은 X빌딩 대각선에 있다.

□ **Building D is close to Building X.**
D빌딩은 X빌딩과 가깝게 있다.

□ **Building D is near Building X.**
A빌딩은 X빌딩과 근처에 있다. (D가 X빌딩과 가깝게 있지만 맞닿아 있지 않을 때.)

② 그림에서의 위치

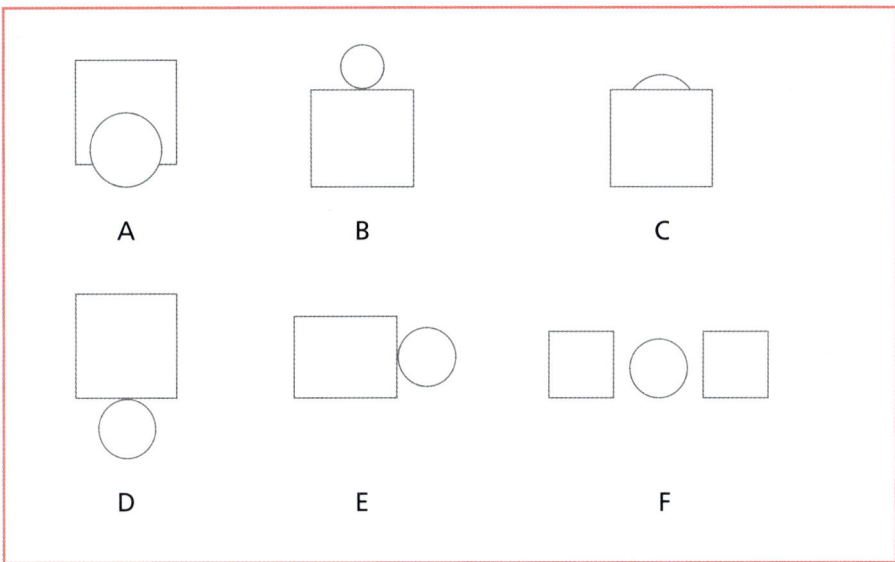

□ Picture A
The ball is in front of the box.
공은 상자 앞에 있다.

The box is behind the ball.
상자는 공 뒤에 있다.

□ Picture B
The ball is on top of the box.
공은 상자 꼭대기에 있다.

The ball is above the box.
공은 상자 위에 있다.

□ Picture C
The ball is in the box.
공은 상자 안에 있다.

□ Picture D

The ball is under the box.

공은 상자 아래에 있다.

The ball is underneath the box.

공은 상자 바로 밑에 있다.

The ball is below the box.

공은 상자 아래에 있다.

□ Picture E

The ball is beside the box.

공은 상자 옆에 있다.

The ball is alongside the box.

공은 상자와 나란히 있다.

□ Picture F

The ball is between two boxes.

공은 두 상자 사이에 있다.

③ 도형

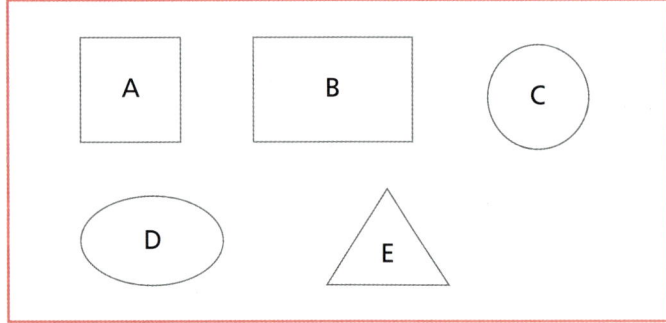

□ Shape A : a square, cube or a box
□ Shape B : a rectangle or oblong shape
□ Shape C : a circle or a round shape
□ Shape D : an oval shape
□ Shape E : a triangle or triangular shape

9. 긍정과 부정

① 지문 속에서 화자가 긍정 혹은 부정형을 포함한 대화를 듣게 됩니다. 부정형의 경우 동사 다음에 not이 오거나 축약형인 n't가 옵니다.

- □ I can come to the party on Saturday. (긍정)
- □ I can't come to the party on Saturday. (부정)

- □ He is going to school tomorrow. (긍정)
- □ He isn't going to school tomorrow. (부정)

② Yes 혹은 No가 지문에 바로 나타나기도 합니다.

- □ Mum : Would you two like some cake?
- □ Sally : Yes, please. (긍정)
- □ Jack : No, thanks. (부정)

③ 함정 질문 1

> Jenny: It isn't very nice today.
>   Lee: Yes, I agree. (긍정)
>
> → Lee가 비록 Yes라고 대답했어도 의미는 부정으로 좋지 않다는 뜻입니다.

④ 함정 질문 2

> Mary: The party is on Saturday, is that OK with you?
> Chris: I can't see any problem with that. (긍정)
>
> → Chris는 Mary의 대답에 부정형으로 대답했어도 부정(problem)의 부정(can't)은 긍정이므로 의미는 긍정입니다.
>
> Rebecca: Will you come to my house tomorrow afternoon?
>   Luke: I have to work, sorry. (부정)
>
> → Luke는 부정형을 사용하지 않았지만 Rebecca의 집에 갈 수 없다고 말합니다. 일을 해야 해서 바쁘다는 의미
> 를 전하고자 합니다. Luke의 대답 중에 사용된 sorry가 힌트가 됩니다. 보통의 경우 sorry 혹은 unfortunately
> 를 사용하게 되면 상대의 기분을 상하게 하지 않으면서 거절을 전하려는 의도이므로 부정형입니다.

ALL ABOUT IELTS [LISTENING]

PART  2

PRACTICE TEST

IELTS PRACTICE TEST

LISTENING

TEST 01

TIME ALLOWED : 30 minutes

NUMBER OF QUESTIONS : 41

Instructions

You will hear a number of different recordings and you will have to answer questions on what you hear.

There will be time for you to read the instructions and questions and you will have a chance to check your work.

All the recordings will be played **ONCE** only.

The test is in four sections. Write your answer in the Listening question booklet. **At the end of the test you will be given ten minutes to transfer your answer to an Answer sheet.**

SECTION 1   *Questions 1 ~ 11*

Questions 1~5
Complete the notes below.

Write NO MORE THAN THREE WORDS AND/OR NUMBER for each answer.

Best Property Ltd.
Rent Information

Example	Answer
What is the caller's name?	Susan Ridge

Caller's Name		<u>Susan Ridge</u>
Caller's Contact Number	Phone :	**1.** _____
Area (Preferences)		**2.** _____
Room Number		**3.** _____
Maximum budget		**4.** $ _____
Transport		**5.** A. 1 car B. 2 cars
		C. car plus boat D. none

Questions 6~7
Complete the sentences below.

Write NO MORE THAN THREE WORDS AND/OR A NUMBER for each answer.

6. The property with one bed room is in _____

7. Why does the person not like the property on East Coast Road?

_____

Questions 8~9

Complete the notes below.

Write *NO MORE THAN THREE WORDS AND/OR NUMBER* for each answer.

Recommended Area	Pinehill
Bedroom :	2 bedrooms
Price :	**8.** $ _____ / week
Address :	**9.** 116A _____ Street

Questions 10~11

Choose the correct letter A~D for each question.

10. What is the caller doing on Wednesday morning?

A. visiting the bank
B. going to the hospital
C. going to another appointment
D. attending a business meeting

11. What time do they arrange to meet?

A. 2 o'clock in the afternoon on Thursday
B. 10 past two in the afternoon on Wednesday
C. 2 o'clock in the afternoon on Wednesday
D. 10 to two in the afternoon on Thursday

Questions 12 ~ 16

Listen to the directions and identify the place names of 12~16 shown on the map below.

Choose your answer from the list of place names below.

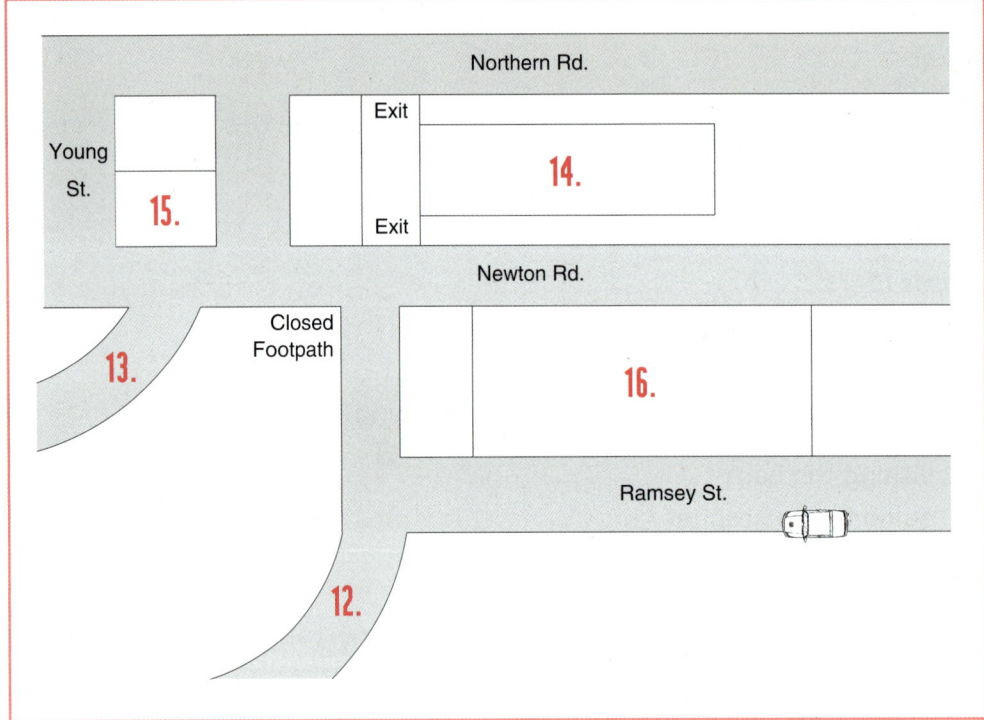

Place Names
- Clinton University
- Temporary On-ramp
- Village Shopping Mall
- Gas Station
- Old On-ramp

Questions 17~22

Complete the table below.

Use NO MORE THAN THREE WORDS for each answer.

Name	Job Title	Phone Number	Time Available
Robert Hatfield	Project Manager	0800 __17.__	__18.__
Alice Bauer	__19.__	0800 6314777	9am ~ __20.__
Penny __21.__	Technical Manager	0800 __22.__	5pm ~ 10pm

Questions 23~26

Complete the sentences below.

Write NO MORE THAN THREE WORDS AND/OR NUMBER for each answer.

23. Dan says that the university has existed for _____ .

24. On the Guidance Block tour students are given a _____ .

25. Dan says he doesn't know anything about this year's activities because they are for _____ .

26. The sign for the Student Information Centre is coloured _____ .

Questions 27~32

Complete the table below.

Write NO MORE THAN THREE WORDS AND/OR NUMBER for each answer.

Name of Activity	Location	Time they will be there
Dean's Speech	Main Hall	10:00am
Library and Guidance Block Tour	The library	**27.**
Black Heart band	Chances Bar	7:15pm
Poetry Recital	**28.**	8:50am
Shakespeare Society	–	12:00pm
Violin Concerto	Main Hall	**29.**
30. Display _____	Main Hall	8:15am
Drama Society	Main Hall	9:05pm
Book Sale	**31.**	9:45am
DJ Silver	Chances Bar	**32.**

SECTION 4 *Questions 33~41*

Questions 33~34
Complete the sentences below.

Write NO MORE THAN THREE WORDS AND/OR NUMBER for each answer.

33. A certain amount of red blood cells are lost each day through sweating and

_____.

34. Iron can be found in a _____ of foods.

Questions 35~37
Choose the correct letter A~E for each question.

35. Which type of food, according to the speech, does NOT contain Non-Heme Iron?

A. Eggs
B. Bread
C. Nuts
D. Chicken
E. Fruit

36. Iron and which other mineral can be deficient in people who don't eat red meat?

A. Zinc
B. Sodium
C. Cereals
D. Magnesium
E. Legumes

37. Which symptom is NOT given as a symptom of Iron-Deficiency Anaemia?

    A. Hair Loss
    B. Fainting
    C. Unusually pale skin
    D. Tiredness
    E. Dizziness

Questions 38~41

Complete the sentences below.

Write NO MORE THAN THREE WORDS AND/OR NUMBER for each answer.

38. A regular intake of iron is important for students to remain _____.

39. Myoglobin is an oxygen storing pigment in the blood that _____.

40. Iron can catalyse the conversion of cells into _____.

41. Most nutritionists recommend one daily serving of _____.

IELTS PRACTICE TEST

LISTENING

TEST 02

TIME ALLOWED : 30 minutes

NUMBER OF QUESTIONS : 41

Instructions

You will hear a number of different recordings and you will have to answer questions on what you hear.

There will be time for you to read the instructions and questions and you will have a chance to check your work.

All the recordings will be played **ONCE** only.

The test is in four sections. Write your answer in the Listening question booklet. **At the end of the test you will be given ten minutes to transfer your answer to an Answer sheet.**

SECTION 1   *Questions 1 ~ 11*

Questions 1~7
Complete the form below.

Write NO MORE THAN THREE WORDS AND/OR NUMBER for each answer.

Chinese Language Association
Speech Competition Entry Form

Category _____1._____

☐ Junior   ☐ Intermediate   ☐ Senior

Name   James _____2._____

School _____3._____

_____

Speech Topic _____4._____

☐ Family   ☐ School   ☐ Friends   ☐ Holiday

Contact Phone Number _____5._____

_____

Competition Start Time _____6._____

Competition Location In the _____7._____ of Double Bay College

Questions 8~11

Choose the correct letter A~D.

8. Where is the main hall?

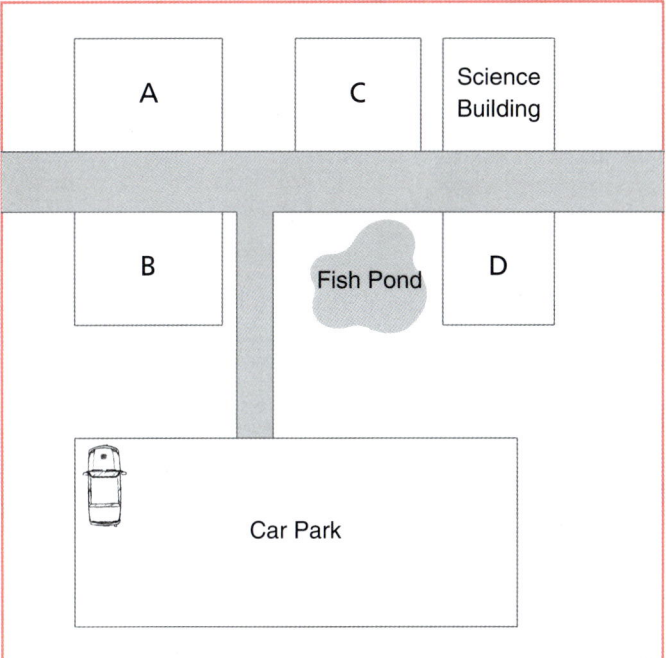

9. Where is Linda's Seat?

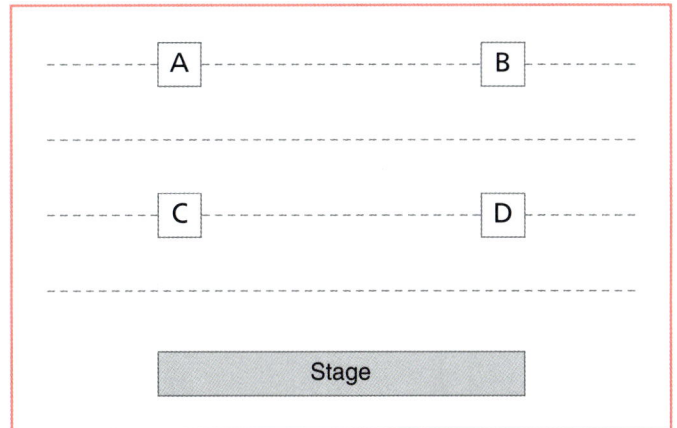

10. Which one is Aunt Carol?

A   B   C   D

11. What does James' mother mean when she says 'break a leg'?

A. She hopes he will break his leg.

B. She says it is traditional to break your leg.

C. She said he would have a good performance.

D. She wanted to wish him 'Good Luck.'

SECTION 2 **Questions 12~21**

Questions 12~15
Choose the correct letter A~D.

12. Identify where the fishermen are.

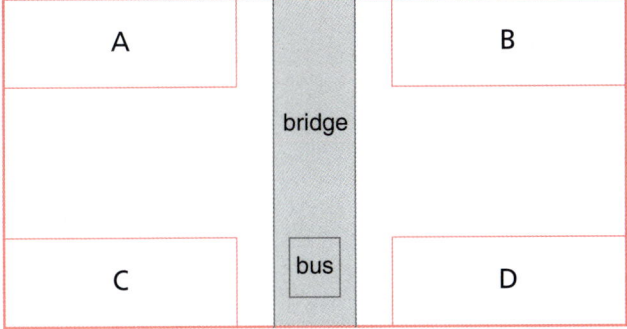

13. Where is the waterfall?

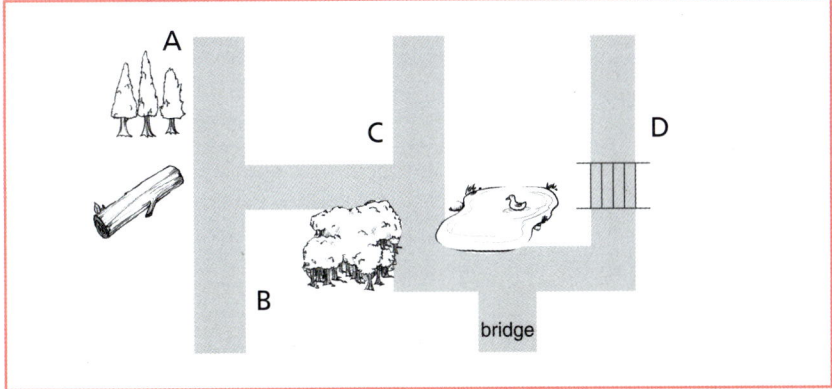

14. Where are the public toilets?

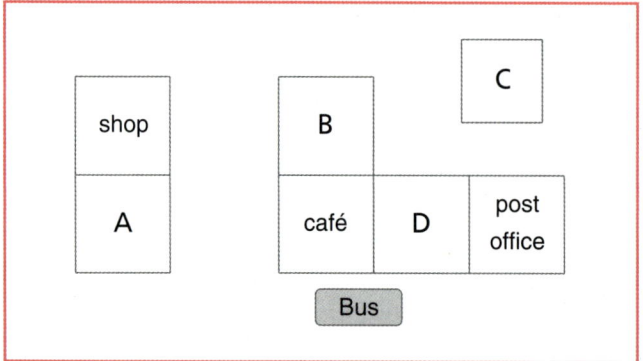

15. Which of these men is Terry?

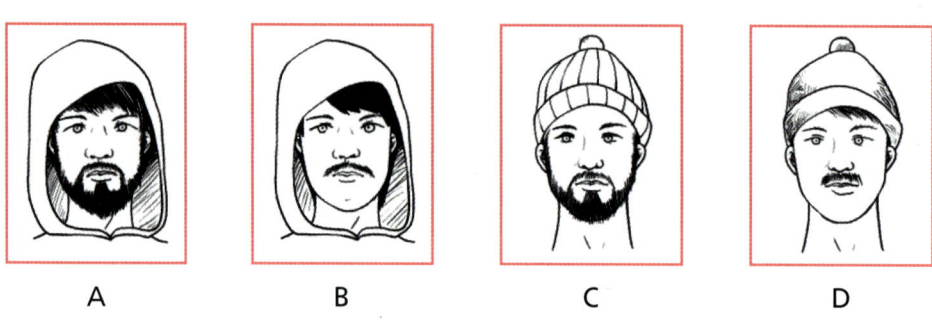

| A | B | C | D |

Questions 16~21

Answer using NO MORE THAN THREE WORDS for each answer.

16. Rosie is easy to find because she is _____.

17. What happened to one of Mo's sharks last week?

    _____

18. Where was the young boy walking when he got lost in the sand dunes?

    _____

19. When you look out from the bluff, which island is the furthest to the right?

    _____

20. What can you purchase at the souvenir shop?

    _____

21. Where may Emma Harris' dog be sitting?

    _____

Questions 22 ~ 27

Who has been assigned to each task? Fill in the table below.

Write: B = Ben
K = Kim
S= Sarah
M= Mark

Job	Person	
Reading the case notes	22.	
Going to the Law Library	23.	24.
Sorting the cases	25.	
Reading the laws	26.	
Organising the stationery	27.	

Questions 28 ~ 31

Complete the table below.

CASE	Year	Case winner	Relevant Y/N
Crown vs Young Consulting	28.	The Crown	N
Council vs Miller	1981	The Miller Family	29.
Council vs Rosewood Pony Club	30.	31.	Y

SECTION 4 *Questions 32~41*

Questions 32~36

Fill in the blank spaces using NO MORE THAN THREE WORDS.

When the students were children, Pluto was considered as the ____32.____ and smallest planet. However recently Pluto has ____33.____ as a planet so children will no longer learn about it. The decision to downgrade Pluto's status has caused ____34.____ within the scientific community. Most evidence pointed to Pluto being excluded but a large proportion ____35.____ favoured retaining it for sentimental reasons. Some believe that many felt sentimental because it was the only planet ____36.____ American.

Questions 37~41

Choose the correct letter A~E.

37. Which of the following statements is true?

   A. Pluto orbits closer to the sun than Neptune most of the time.
   B. Pluto orbits closer to the sun than Neptune some of the time.
   C. Pluto always orbits closer to the sun than Neptune.
   D. Pluto never orbits closer to the sun than Neptune.
   E. Pluto orbits closer to the sun than Neptune about half of the time.

38. Which statement, according to the speech, is definitely true about Pluto's moon, Charon?

    A. It is now considered a twin of Pluto.
    B. It is going to be viewed as a twin of Pluto in the future.
    C. Its status is being reviewed.
    D. It is now considered a planet in its own right.
    E. It is still considered as Pluto's moon.

39. How many additional photographs did Clyde Tombaugh need to confirm his initial observation?

    A. None
    B. One
    C. Two
    D. Three
    E. Four

40. Which of the following objects is the smallest?

    A. Pluto
    B. Earth
    C. Mars
    D. The Moon
    E. Neptune

41. When is the New Horizon spacecraft expected to reach Pluto?

    A. July 15, 2015
    B. July 14, 2014
    C. June 15, 2014
    D. July 14, 2015
    E. June 14, 2015

IELTS PRACTICE TEST

LISTENING

TEST 03

TIME ALLOWED : 30 minutes

NUMBER OF QUESTIONS : 41

Instructions

You will hear a number of different recordings and you will have to answer questions on what you hear.

There will be time for you to read the instructions and questions and you will have a chance to check your work.

All the recordings will be played **ONCE** only.

The test is in four sections. Write your answer in the Listening question booklet.

At the end of the test you will be given ten minutes to transfer your answer to an Answer sheet.

Complete the table showing which programmes use each type of exercise equipment.

Key   SS - Summer Slam
GB - Gut Buster
C - Conditioner
FF - Family Fit

WEST STREET HEALTH AND FITNESS PROGRAMMES 2007

110 West Street, Leeshore   Ph 0800 83 83 83
'The Best Bodies in the West'

Equipment	Programmes using this Equipment	
Weight Machine	1.	2.
Exercise Bikes	3.	
Cross Trainer	4.	
Rowing Machine	5.	
Swiss Balls	6.	

Questions 7~11

Complete the form below.

WEST STREET HEALTH AND FITNESS PROGRAMMES 2007

110 West Street, Leeshore   Ph 0800 83 83 83
'The Best Bodies in the West'

Fitness TEST FORM

Client: Sam Morgan   Sex M / F

Date of Birth   **7.** _____

Height   — _____

Weight   **8.** _____

Resting Heart Rate   **9.** _____   beats per minute

Active Heart Rate   **10.** _____   beats per minute

Daily Food Intake   **11.** _____   kilojoules

SECTION 2   *Questions 12~21*

Questions 12~13
Choose two letters A~E for each question.

12. Which parts of the squid are used in the recipe?

    A. tentacles
    B. head
    C. tail
    D. tube
    E. beak

13. Which types of squid are available from the fish market?

    A. fresh whole squid
    B. frozen whole squid
    C. pre-cut squid
    D. squid rings
    E. fresh squid tubes

Questions 14~16
Complete the sentence below.

In addition to the squid, the recipe also uses onion which you can peel either by hand or with a _____**14.**_____, then dice the onion. Next, the recipe also includes a cucumber cut into _____**15.**_____ In total we need to use _____**16.**_____ grams of cucumber so you may need to use two.

Questions 17~20

Fill out the recipe below with the required amounts of each item.

THAI - STYLE SQUID SAUCE

Ingredients

17. _____ cup of lemon juice

18. _____ of a sprig of coriander

19. _____ millilitres of soy sauce

20. _____ grams of chili powder

Question 21

21. Which of the below dishes has the sauce put on it correctly?

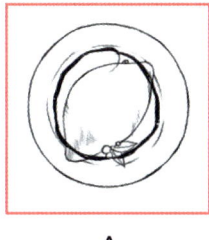 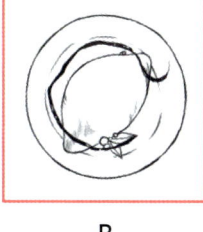  

| A | B | C | D |

Questions 22~25
Answer the following questions using NO MORE THAN THREE WORDS or a NUMBER.

22. What time does Kylie's bus arrive at the school?

_____

23. Which subject are the students concerned about?

_____

24. What is the classroom S65 normally?

_____

25. What was the only part of the Japanese test that Jeremy said he had studied?

_____

Questions 26~31
Fill in the below table about the remedial classes.

Subject	Day	Time the students will go to the class
French	26.	4pm
Economics	Thursday	27.
Geography	Tuesday	28.
Japanese	Thursday	29.
Chemistry	30.	5pm or 31.

SECTION 4   Questions 32~41

Questions 32~35

Complete the flow chart of the process of glacier formation.

Snow is subjected to repeated _____ **32.** _____ becoming coarse ice.

Layers of ice form on top of the coarse ice causing it to become _____ **33.** _____ .

Over a period of time the layers of firn become _____ **34.** _____ .

_____ **35.** _____ adds to the glacier over time.

Questions 36~38

Label the parts of a glacier.

Choose the appropriate letter A~D in boxes 36~38 on your answer sheet.

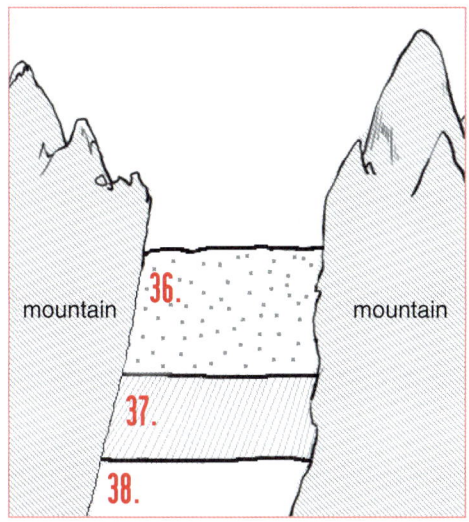

A. Accumulation zone
B. Bowl shaped gouge
C. Deposition zone
D. Ice front

Choose the correct letter A~D.

39. Which graph best shows the rate of growth of glaciers between 1550 and 2000?

A   B   C   D

40. How many people would be affected by the loss of the Himalayan glaciers?

    A. 240,000
    B. 2,400,000
    C. 240,000,000
    D. 2,400,000,000

41. Which of the following does the article NOT mention as a way to reduce Global Warming?

    A. Making homes energy efficient
    B. Recycling old glass
    C. Using public transport
    D. Planting trees

IELTS PRACTICE TEST

LISTENING

TEST 04

TIME ALLOWED : 30 minutes

NUMBER OF QUESTIONS : 40

Instructions

You will hear a number of different recordings and you will have to answer questions on what you hear.

There will be time for you to read the instructions and questions and you will have a chance to check your work.

All the recordings will be played **ONCE** only.

The test is in four sections. Write your answer in the Listening question booklet.

At the end of the test you will be given ten minutes to transfer your answer to an Answer sheet.

 **SECTION 1** *Questions 1~11*

Questionss 1~5

Select the picture that looks the most like the item described by Claire or Mr. Locke.

1.

A

B

C

D

2.

A

B

C

D

3.

A

B

C

D

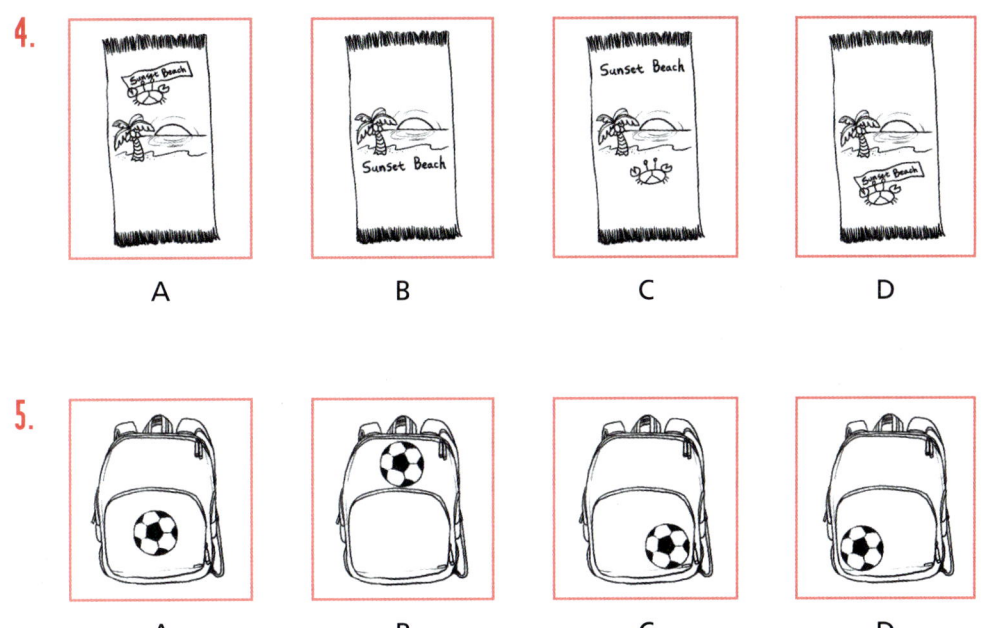

4. A   B   C   D

5. A   B   C   D

Questions 6~11

Fill in Claire's notes about the lost togs

WET N' WILD FUN PARK

Lost Item _____6._____

Colour of Lost item _____7._____

Other Information about Lost item _____8._____

Size _____9._____

Name _____10._____

Phone Number _____11._____

Questions 12~16
Complete the following sentences using NO MORE THAN THREE WORDS.

12. The youngest age that children can have piano lessons is _____.

13. Cheques should be made payable to the _____.

14. The cost for hiring an instrument for 6 months is $_____.

15. If an instrument gets damaged, the student is responsible for _____.

16. If you wish to purchase an instrument, _____ will be happy to help you.

Questions 17~21
Choose the letter A~E that you believe best fits the question.

17. According to the speaker, which of the following is on the student's green card?

    A. their class teacher
    B. the time of his/her lesson
    C. the time to leave class
    D. the date of the lesson
    E. the musical instrument

18. What is the voicemail number for the Music Department?

A. 102
B. 126
C. 860
D. 826
E. 802

19. What does the speaker say parents should give to all children who are learning a musical instrument?

A. support
B. supervision
C. practice
D. money
E. lessons

20. When is the minimum time after which you can cancel your lessons?

A. after one year
B. after an extended period of time
C. one year after giving notice to the teacher
D. four weeks after giving notice to the teacher
E. five weeks after giving notice to the teacher

21. What does the speaker describe as benefits for the students from ensemble playing?

A. helping the community
B. a sense of achievement
C. sympathy from the audience
D. extra practice
E. improving their skills

Questions 22~25
Complete the following sentences using NO MORE THAN THREE WORDS.

22. In the first week the students measured the number of regular customers and how _____ type of sushi was.

23. Mr. Ok's goals for the High Street store were to build his profit margin and to _____ .

24. The students decided that Mr. Ok should advertise using a flyer with _____ .

25. Mr. Ok wanted people to buy the types of sushi that cost _____ .

Questions 26~29

26. Study the pie graphs below and choose the one that best shows the breakdown of the number of times that customers visited.

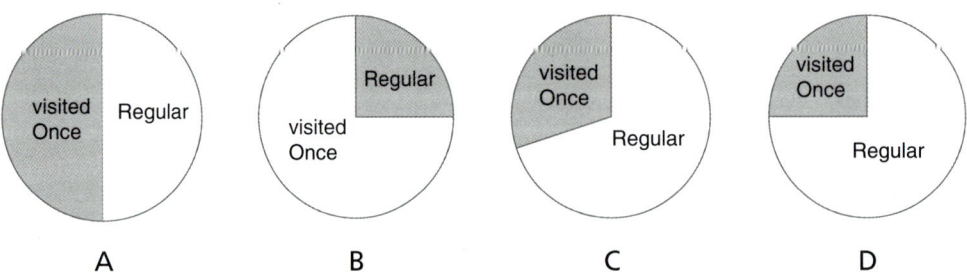

A   B   C   D

27. Study the pie graphs below and choose the one that best shows the most popular types of sushi.

Key   Chicken   Salmon

Tuna   Vegetarian

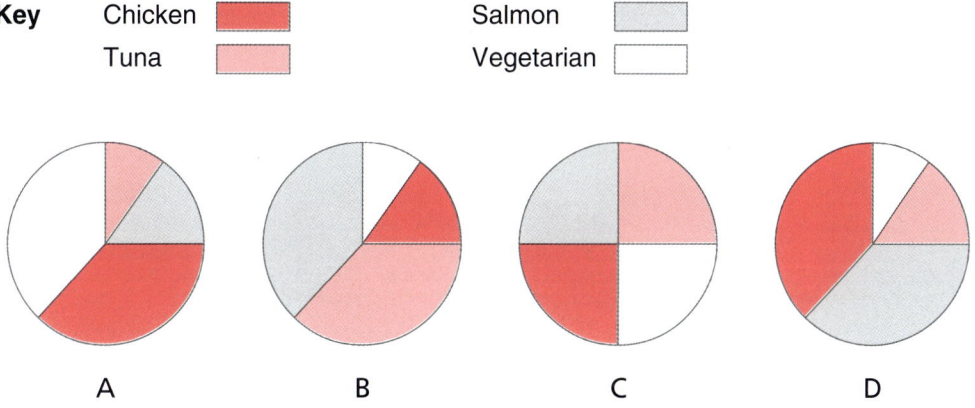

A   B   C   D

28. Study the line graphs below and choose the one that best shows the change in sales on Monday.

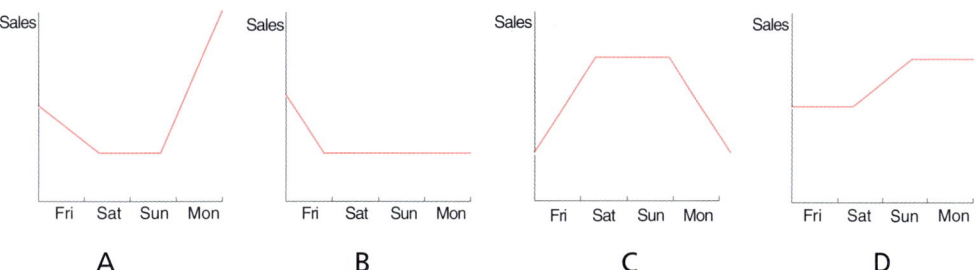

A   B   C   D

29. Study the pie graphs below and choose the one that best shows the proportion of vegetarian sushi sales on Tuesday.

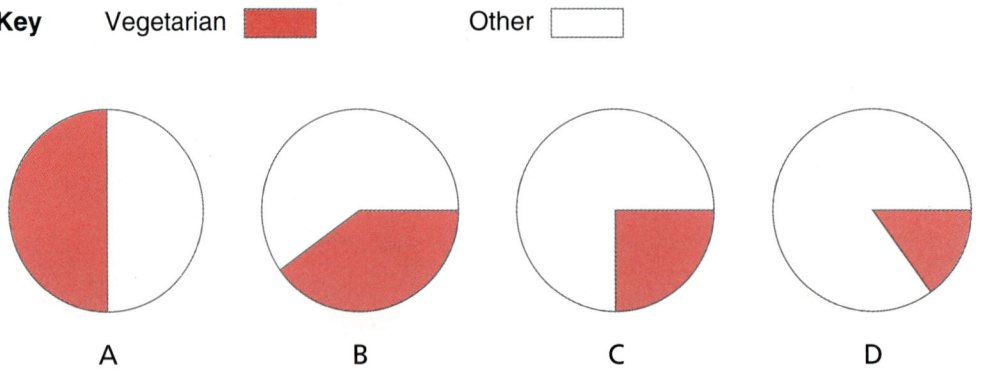

Key   Vegetarian [ ]   Other [ ]

A   B   C   D

Questions 30 and 31

Use a NUMBER to complete the following sentences.

30. _____ of Wednesday's sales were for crab sushi.

31. _____ % of the customers visited more than once during the week.

SECTION 4 *Questions 32~40*

Questions 32~36

Answer the following questions USING NO MORE THAN THREE WORDS.

32. Who should the person writing an Executive Summary consider when composing it? _____

33. A Mission Statement is a one sentence summary of what the business stands for and what it _____.

34. The first part of the Marketing Plan should have information on what _____.

35. What problem can dreaming up figures in the revenue section cause?

_____

36. What is the given example of research and development in the Operational Plan?

_____

Questions 37~40

Complete the following sentences using NO MORE THAN THREE WORDS.

37. The Financial Plan should be started with details of the current _____ of the business.

38. An 'Angel Investor' puts money into a company that is about to close due to a

    _____ .

39. Over time, it is important that the changes deliver _____ to the business' finances.

40. A _____ compares the benefits of keeping the status quo to the benefits of the new project.

IELTS PRACTICE TEST

LISTENING

TEST 05

TIME ALLOWED : 30 minutes
NUMBER OF QUESTIONS : 40

Instructions

You will hear a number of different recordings and you will have to answer questions on what you hear.

There will be time for you to read the instructions and questions and you will have a chance to check your work.

All the recordings will be played **ONCE** only.

The test is in four sections. Write your answer in the Listening question booklet. **At the end of the test you will be given ten minutes to transfer your answer to an Answer sheet.**

Questions 1~3

Complete the table with information about the holes that Chris and Sandy discuss.

Hole	Difficulty	Hazards	Par
1	Easy	None	**1.**
4	Difficult	**2.**	5
9	**3.**	None	3

Questions 4~5

Select the letters A~E that correspond the hazard that Chris describes on each hole.

A: sand traps
B: hilly
C: trees
D: a pond
E: a flag

4. Hole 11's hazard is _____.

5. Hole 16's hazard is _____.

Questions 6~10

6. Where is the post office?

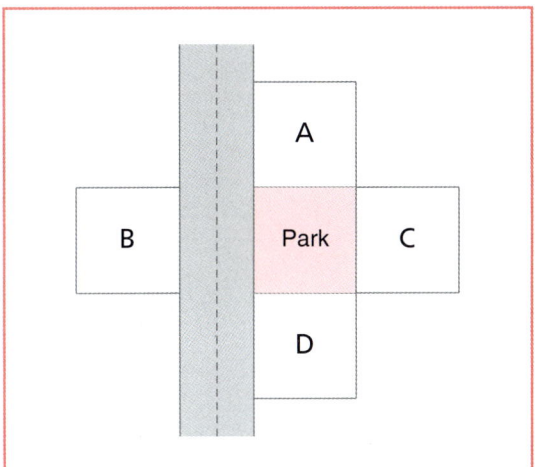

7. Which way does Sandy need to go around the roundabout?

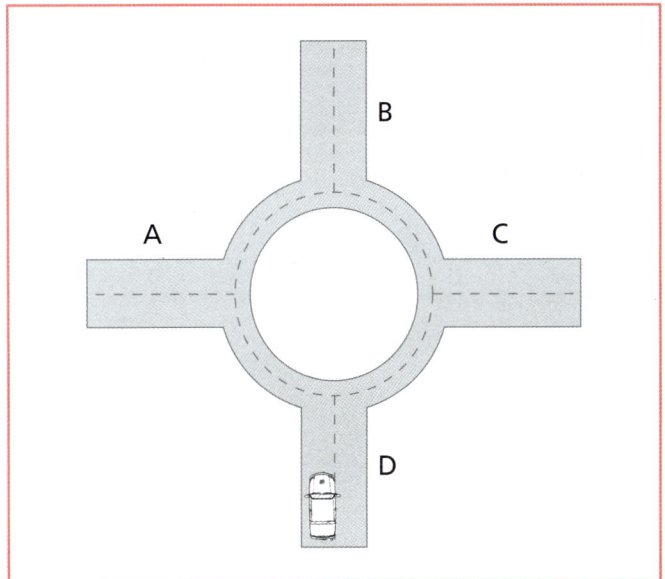

8. Which road does Sandy need to take?

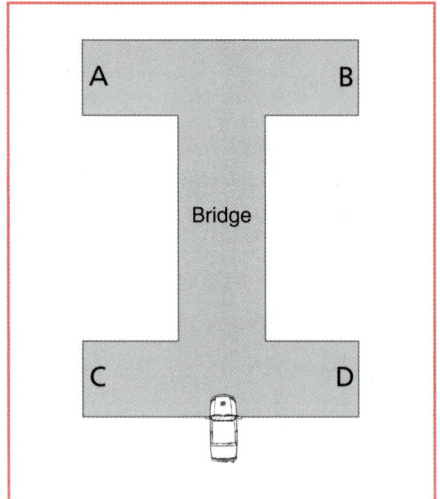

9. What is the building marked 'A'?

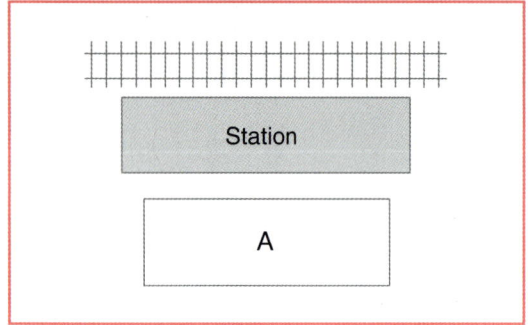

10. Where is the golf course?

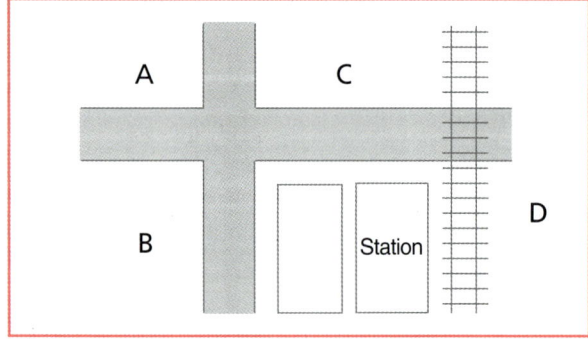

SECTION 2 — Questions 11~20

Questions 11~15

Complete the following flow chart on the process of buying a computer.

You must go to Omega Computing to _____ **11.**_____

Request a card with _____ **12.**_____

Enter the number into your machine

Enter the child's name, class and _____ **13.**_____

The computer will try _____ **14.**_____ the school server.

For any problems you can contact Miss White on extension _____ **15.**_____

Questions 16~17

Name two things that the children must not do on the computers, using NO MORE THAN THREE WORDS.

16. _____

17. _____

Complete the following sentences using *NO MORE THAN THREE WORDS*.

Children are encouraged to _____ 18. _____ when using the school network. They must try not to disrupt other users either by monopolising the network or by _____ 19. _____ to bully other students. The school will be very strict with viruses. Parents should encourage their children _____ 20. _____ any suspicious e-mails.

SECTION 3 *Questions 21~29*

Questions 21~24

21. Which of the following cars did David buy?

A   B   C   D

22. Which of these people is Professor Walker?

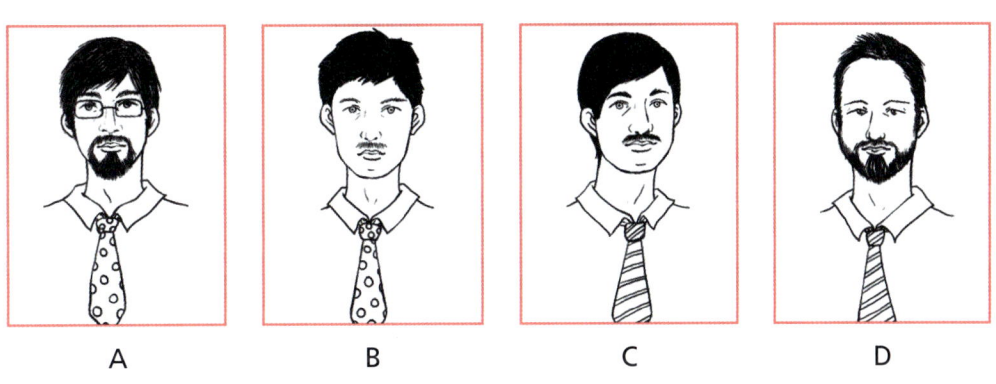

A   B   C   D

23. Which of these people is Professor Jones?

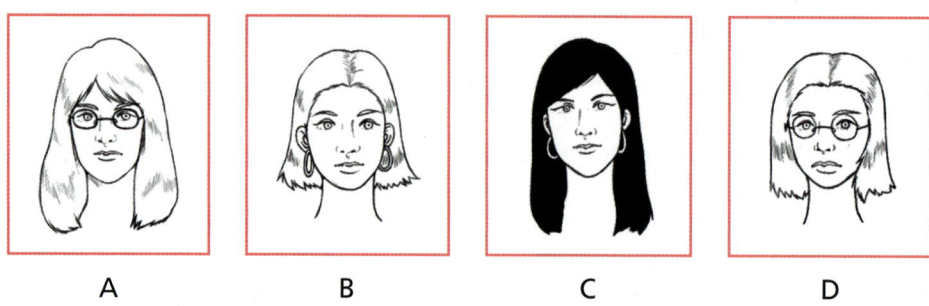

A   B   C   D

24. Which of the below images is the man at the back?

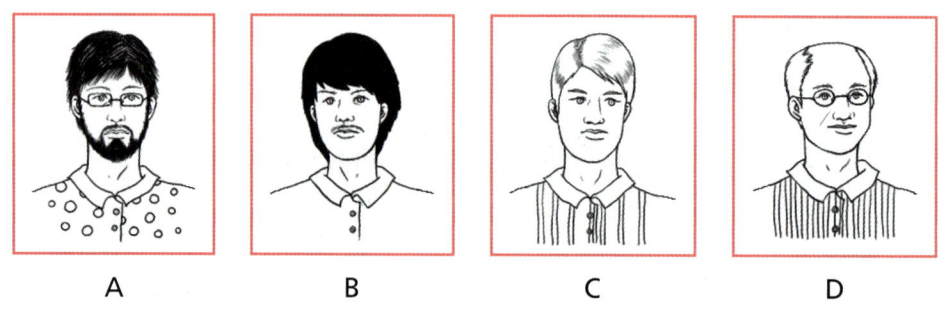

A   B   C   D

Questions 25~29

Identify each building Jane describes. Choose letter A~I that corresponds to the correct building.

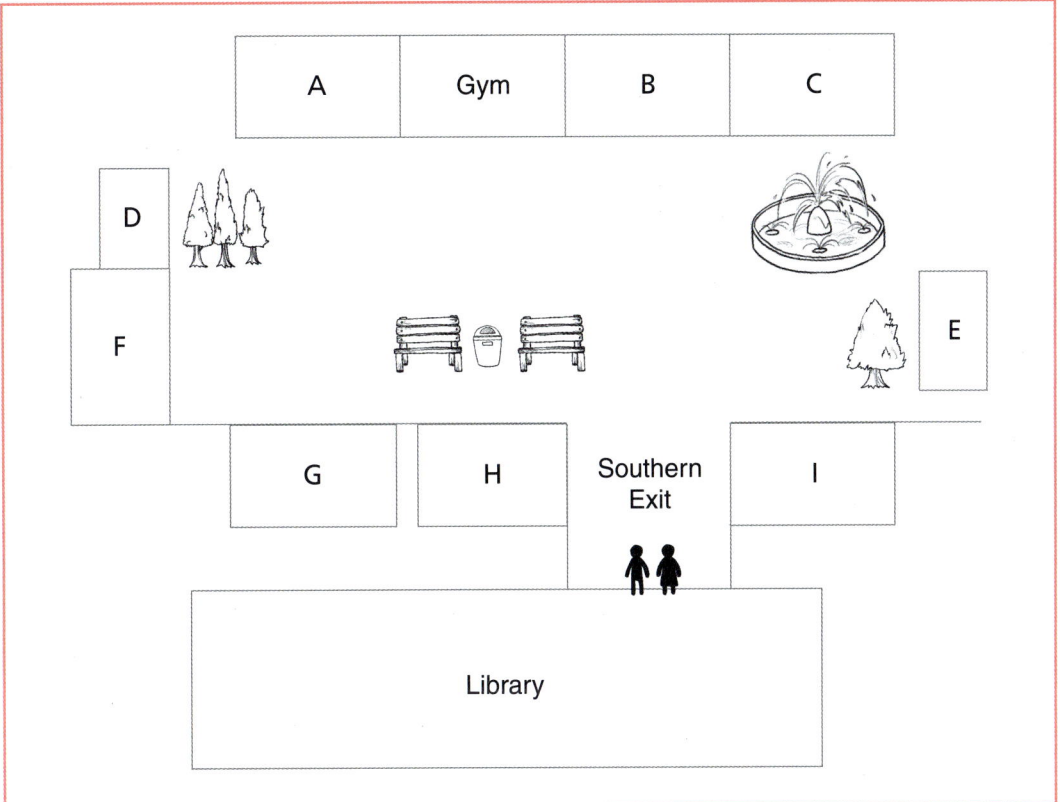

25. Which building is the café?

26. Which building is the Careers Advisor in?

27. Which building is the computer lab?

28. Which building is the shop?

29. Which building is the public toilet?

Questions 30~33

Match the movements in share prices to the time period that they occurred.
Put your answer A~D next to the date.

      A : Share prices rose
      B : Share prices remained steady
      C : Share prices decreased slowly
      D : Share Prices crashed

30. Early September 1929 _____

31. Early October 1929 _____

32. Friday October 25, 1929 _____

33. Tuesday October 29, 1929 _____

Questions 34~40

34. How many years passed until the Stock market reached the same level as the peak of 1929?

    A. 1 year
    B. 4 years
    C. 15 years
    D. 25 years

35. What is speculation, as defined in the speech?

    A. When people sell stocks
    B. When people buy things hoping they will gain value
    C. When people sell stocks for a higher price
    D. When people sell stocks for less than the person paid for them

36. What is the reason mentioned by the speaker that caused banks to collapse?

    A. People buying cars and electrical goods
    B. The money supply drying up
    C. People were unable to pay their debts
    D. People lost their savings
    E. Shrinkage in the economy

37. & 38. Which TWO things do experts believe that the US government should have done to boost the economy?

    A. Close the borders
    B. Provide emergency loans to banks
    C. Increase the supply of money
    D. Place Retaliatory tariffs
    E. Open the markets

39. Who had their taxes raised in order to curb their power?

   A. People
   B. Business
   C. Unions
   D. Farmers

40. What was the solution to the depression recommended by John Maynard Keynes?

   A. Increasing Government Spending
   B. Decreasing Government Spending
   C. Increased Taxes
   D. Decrease Unemployment
   E. Increased Factory Production

PART 3

정답 및 해설

IELTS PRACTICE TEST 01

1	555 3220	22	2423192
2	near the campus OR near the university	23	120 years
3	1	24	(free) student diary
4	325 per week	25	first year students
5	D	26	red and white
6	East Coast Road	27	1:20pm
7	(its) too busy	28	Outdoor Theatre
8	305	29	12:52pm
9	Graham	30	Sports Club
10	A	31	Library
11	C	32	8:20pm
12	Temporary On-Ramp	33	shedding of skin
13	Old On-Ramp	34	wide variety
14	Village Shopping Mall	35	D
15	Gas Station	36	A
16	Clinton University	37	B
17	653 9077	38	alert and focused
18	6:30am ~ 3pm	39	contains iron
19	Assistant Manager	40	free radicals
20	5pm	41	lean, red meat
21	Liddell		

SECTION 1   *Questions 1~11*

🎧 script ─────────────────────────────

Real Estate Agent: Hello.

Caller: Hello, I am ringing to enquire about houses for rent.

REA: Yes. We can help you with that. May I please have your name and contact phone number?

Caller: Yes. My name is <u>Susan Ridge</u> and Phone number is <u>triple five three double two zero</u>.
                 Example   Q1

REA: Thank you very much. How can I help you?

Caller: I am new to the city and I am going to study at Massey University this year. So I am looking for a <u>place near the campus</u>.
                Q2

REA: I think I may be able to help you, but I need to know a few things first.

Caller: OK

REA: Firstly, how many bedrooms do you require?

Caller: I will be staying by myself at first so <u>a one bedroom property</u> is enough for me.
                               Q3

REA: How about the price-range you are looking in?

Caller: I can afford up to <u>$325 per week</u>.
            Q4

REA: OK thanks and finally, what area would you like me to look for a property in?

Caller: I don't know much about the area, but I would like a place that is close to the university and near a bus route, as <u>I don't have a car</u>.
                   Q5

────────────────────────────────

부동산 업자 : 여보세요.

전화한 사람 : 여보세요, 가옥 임대에 대해 문의하려고 전화했습니다.

부동산 업자 : 예. 저희가 도울 수 있습니다. 귀하의 성함과 연락처를 알 수 있을까요?

전화한 사람 : 예. 제 이름은 수잔 리지고 전화 번호는 555-3220입니다.

부동산 업자 : 감사합니다. 어떻게 도와드릴까요?

전화한 사람 : 저는 이곳에 새로 온 사람이고 금년 매시대학교에서 공부하려고 합니다. 그래서 대학교 근처를 찾고 있습니다.

부동산 업자 : 제 생각에 당신을 도울 수 있을 것 같은데, 몇 가지 먼저 알아야 합니다.

전화한 사람 : 그렇게 하세요.

부동산 업자 : 우선 방이 몇 개 필요하세요?

전화한 사람 : 우선 저 혼자 묵으려고 합니다. 그래서 방 한 칸이면 충분합니다.

부동산 업자 : 어느 정도 가격대를 구하고 있습니까?

전화한 사람 : 한 주에 $325불까지는 지불할 수 있습니다.

부동산 업자 : 알았습니다. 감사합니다. 마지막으로 어느 지역에 있는 집을 원하십니까?

전화한 사람 : 그 지역에 대해서 잘 모릅니다만, 제가 차가 없기 때문에 학교에서 가깝고 버스정류장 근처가 좋습니다.

REA: I have one <u>on East Coast Road</u> here; it has one bedroom, a car park and there is a bus stop

      Q6

      right outside the property. How does that sound?

Caller: Is it on a busy road?

REA: Yes, East Coast Road is quite busy - especially at peak times.

Caller: Do you have anything on a quieter street?

REA: Well, let's have a look. Here's one, it has two bedrooms though, but it is in Pinehill, which is

      a nice area. The house is <u>in a quiet street</u> and it's just in your price range, at <u>$305</u> per week.

                                    Q7   Q8

Caller: It might be interesting, does it have a garden?

REA: Let me think, yes it does have a small garden.

Caller: Can you tell me where it is?

REA: It is on Graham street.

Caller: Can you please spell that?

REA: Sure it's <u>G-R-A-H-A-M</u>

              Q9

Caller: Can I visit the property?

REA: Yes, that's fine, are you free on Wednesday morning?.

Caller: No, I have to <u>visit the bank in the morning</u>. How about <u>Wednesday afternoon around 2 o'clock</u>?

                                    Q10   Q11

      I think I will finish the meeting at around ten to two.

REA: 2 o'clock is fine for me. Please meet me at the office and we can go to the property from there.

Caller: OK, that's fine, See you then.

REA: Bye.

부동산 업자 : 여기 이스트 코스트 로드에 한 집이 있습니다. 방이 한 칸이고 주차장이 있으며 집 바로 앞에 버스정류장이 있습니다. 어떠세요?

전화한 사람 : 번화한 도로에 있습니까?

부동산 업자 : 예. 이스트 코스트 로드는 좀 번화합니다. 특히 출퇴근 시간에.

전화한 사람 : 좀 더 조용한 거리에 있는 집이 있나요?

부동산 업자 : 음, 한 번 봅시다. 여기 하나가 있는데 하지만 방이 두 칸입니다. 그 집은 파인 힐에 있는데, 좋은 동네입니다. 집이 조용한 거리에 있고 한 주에 $305로 귀하의 가격대에 있습니다.

전화한 사람 : 괜찮은 것 같습니다, 정원이 있나요?

부동산 업자 : 음, 예, 작은 정원이 있습니다.

전화한 사람 : 어디에 있는지 알려 주실 수 있나요?

부동산 업자 : 그레이엄 거리입니다.

전화한 사람 : 철자를 말씀해 주시겠습니까?

부동산 업자 : 물론입니다. G-R-A-H-A-M

전화한 사람 : 그 집을 볼 수 있습니까?

부동산 업자 : 예, 좋지요. 수요일 오전에 시간이 괜찮으십니까?

전화한 사람 : 아니요. 아침에 은행을 가야만 합니다. 수요일 오후 2시경은 어떠세요? 9시 50분경이면 미팅이 끝나리라 생각합니다.

부동산 업자 : 저도 2시가 좋습니다. 사무실에서 만납시다, 그러면 사무실에서 그 집으로 가면 되니까요.

전화한 사람 : 좋습니다. 그때 뵙겠습니다.

부동산 업자 : 안녕히 계세요.

Questions 1~5

Complete the notes below. 아래 메모를 완성하시오.
Write NO MORE THAN THREE WORDS AND/OR NUMBER for each answer.
답안 작성시 세 단어 이내의 단어와 혹은 숫자를 적으시오.

Best Property Ltd.
Rent Information

Example	Answer
What is the caller's name?	Susan Ridge

Caller's Name	Susan Ridge
Caller's Contact Number	Phone : **1.** _____
Area (Preferences)	**2.** _____
Room Number	**3.** _____
Maximum budget	**4.** $ _____
Transport	**5.** A. 1 car B. 2 cars
	C. car plus boat D. none

예제
전화를 건 사람의 이름은 무엇입니까?

정답
수잔 리지

전화를 건 사람의 이름		수잔 리지
전화를 건 사람의 연락처	전화	**1.** _____ 555-3220 _____
지역(선호 하는 곳)		**2.** near the campus OR near the University
방 개수		**3.** _____ 1 _____
최대 예산		**4.** $_____ 325 per week _____
교통수단		**5.** A. 자동차 1대 B. 자동차 2대
		C. 자동차와 보트 D. 없음

Questions 6~7

Complete the sentences below. 아래 문장을 완성하시오.
Write NO MORE THAN THREE WORDS AND/OR A NUMBER for each answer.
답안 작성시 3단어 이내의 단어와 혹은 숫자를 적으시오.

6. The property with one bed room is in East Coast Road.

방 한 칸짜리 주택은 이스트코스트 로드 에 있다.

7. Why does the caller not like the property on East Coast Road?

전화 건 사람이 East Coast Road의 주택을 싫어하는 이유는 무엇입니까?

정답 | (its) too busy
너무 붐비기 때문에

Questions 8~9

Complete the notes below. 아래 메모를 완성하시오.
Write NO MORE THAN THREE WORDS AND/OR NUMBER for each answer.
답안 작성시 3단어 이내의 단어와 혹은 숫자를 적으시오.

Recommended Area	Pinehill
Bedroom	2 bedrooms
Price	**8.** $ _____ 305 _____ / week
Address	**9.** 116A ____ Graham ____ Street

추천 지역	파인힐
방 개수	방 두 칸
가격 문제	**8.** $ _____ 305 _____ /week
주소 문제	**9.** 116A _____ 그레이엄 _____ Street

Questions 10~11

Choose the correct letter A~D for each question.

다음 문제에 대해 A~D 중 정답을 고르시오.

10. What is the caller doing on Wednesday morning?

    A. visiting the bank
    B. going to the hospital
    C. going to another appointment
    D. attending a business meeting

전화를 건 사람은 수요일 오전에 무엇을 할 것입니까?

A. 은행을 방문
B. 병원을 감
C. 다른 약속에 감
D. 사업상 회의에 참석

정답 | A

11. What time do they arrange to meet?

    A. 2 o'clock in the afternoon on Thursday
    B. 10 past two in the afternoon on Wednesday
    C. 2 o'clock in the afternoon on Wednesday
    D. 10 to two in the afternoon on Thursday

그들은 몇 시에 만나기로 했습니까?

A. 목요일 오후 2시
B. 수요일 오후 2시 10분
C. 수요일 오후 2시
D. 목요일 오후 1시 50분

정답 | C

 **SECTION 2** *Questions 12~22*

🎧 script ──

Good evening residents and thank you for attending this meeting. What I hope to achieve in this meeting is to update you all on the council's plan for road construction on Newton Road near Clinton University. As you are all probably aware Transit New Zealand and North Shore City Council have developed the Northern Bus-way linking the North Shore with the city centre. Work has advanced ahead on schedule and we are now implementing stage three of the programme which will involve works at the Newton Road interchange next to Clinton University, the last stage of the Northern Bus-way Project.

As part of the project a two lane road for buses will be built along the eastern side of the motorway and a tunnel will be constructed under Newton Road for the bus-way to pass through. As the tunnel will be very close to the southbound on-and off-ramps, several temporary traffic arrangements will be necessary to allow for its construction.

Over the past few months a temporary on-ramp has been under construction south of the university
Q12
on Ramsey St. This has now been completed and we thank you for your patience during the delays caused by the construction. From the second week of October the old on-ramp off Newton Road will
Q13
be closed and traffic shifted onto the temporary on-ramp. Traffic lights will be installed at the new intersection at the start of the new ramp, and these lights will also control the exit from Clinton University.

A pedestrian crossing will be included in the new traffic signals, providing a more direct route for students walking and cycling to school. The footpath on the south side of Newton Road between the former on-ramp and the temporary on-ramp will remain closed until the completion of work. All work areas will be clearly marked and blocked off with fences or barriers.

The new road layout is expected to increase travel times along Newton Road and Ramsey Street during peak times, particularly during the first few weeks of operation as motorists become familiar with it and signal timing is optimized. Shoppers at the Village Shopping Mall are advised to use the
Q14
Northern Road exit instead of the Newton Road exit if possible to ease pressure on the traffic flow. Where practical, travel outside peak hours or diversion to alternative roads is recommended.

As you can see from the diagram several changes have been made to the traffic flows. Residents of Young Street will no longer be able to directly access the motorway on-ramp and will instead have to
Q15
turn left at the gas station and access the motorway from Newton Road. Students using the university car parks should also expect delays as exits from Clinton University onto Ramsay Street will now be
Q16
controlled by traffic lights and wherever possible we advise students to use Newton Road exits.

114 ● [LISTENING]

This section of the Bus-way Project is expected to take two years to complete and several traffic arrangements will be used during this time. The temporary on-ramp will be in place until completion of the works. We will keep parents and the school informed of future changes in the area.

At all times, we aim to minimize disruption to the neighbouring area. If you have any queries or concerns I will open the floor to questions at the end of this meeting or at a later date on phone numbers I will give you at the end. We thank you in advance for your understanding.

For more information there are several people to contact, my name is Robert Hatfield, I can be reached on zero, eight hundred, six five three nine zero double seven and, although I am out of the
Q17
office for much of the time, my work hours are from 6:30am until 3pm. I am the project manager for
Q18
this stage of the Northern Bus-Way project and I will be overseeing the project until completion. If I am not available then any queries can be directed to Alice Bauer, the Assistant Manager, who will be
Q19
available on zero eight hundred six three one, four triple seven from 9am until 5 in the evening. She
Q20
will be assisting me throughout the project and will be just as familiar with all the stages we will be going through.

If you have a query outside office hours then the council has set up a hotline where you can speak to the technical manager, Penny Liddell(spelt L-I-D-D-E-L-L for those writing this down). She is
Q21
available from 5pm until 10pm on weeknights and you will need to contact her on zero eight hundred two four two three one nine two. Of course you can also check online at www.northbusproject.
Q22
com.nz to see any progress made on construction.

안녕하십니까. 지역 주민 여러분. 이 모임에 참석해 주셔서 감사합니다. 이 모임을 통해 클린톤 대학교 부근 뉴튼 로드의 도로 공사에 관한 시의회 계획의 최신 정보를 여러분께 알려드리고자 합니다. 여러분께서 아마도 아시겠지만 뉴질랜드 도로공사와 노스쇼어 시의회는 도심과 노스쇼어 지역을 연결하는 북부지역 버스 전용 차로 공사에 착수하였습니다. 공사는 당초 계획보다 앞서 진행되었고 지금은 북부 지역 버스 전용 차로 건설계획의 마지막 단계인, 클린톤 대학 근처의 뉴튼 교차로 작업을 포함한 3단계 공사가 진행 중입니다.

건설 계획의 일부로 버스를 위한 2차선 도로가 고속도로 동쪽 측면을 따라 건설 될 것이고 버스 차선이 통과할 터널이 뉴튼 로드 아래에 건설될 것입니다. 터널이 고속도로 남쪽 방향의 진입로와 출구에 매우 근접해 있으므로, 그 공사를 위해 여러 개의 임시 신호체제가 필요할 것입니다.

지난 몇 개월 동안 대학교 남쪽 방향의 램지 스트리트에 고속도로 임시 진입로가 건설 중이었습니다. 이제 이 곳이 완공되었고 공사로 인해 통행의 지연을 견뎌 주신 것에 감사 드립니다. 10월 두 번째 주부터 기존의 뉴튼 로드에서 나가는 진입로는 폐쇄될 예정이며 임시 진입로로 통행이 이루어질 것입니다. 새로운 진입로 시작 지점에 있는 교차로에 신호등이 설치되는데, 이 신호등이 클린턴 대학교에서 나오는 출구도 통제할 것입니다.

횡단보도가 새로운 신호체제에 따라 운영되어, 자전거나 도보로 등교하는 학생들에게 더 가까운 길을 제공할 것입니다. 이전 진입로와 임시 진입로 사이의 뉴튼 로드 남쪽 방향의 인도는 공사가 마무리 될 때까지 폐쇄될 것입니다. 모든 공사 구역은 명확하게 표시되고 담장이나 경계선으로 막아질 것입니다.

이 새 도로 배치로 인해 출퇴근 시간에, 특히 운전자들이 그것에 익숙해지고 신호 조절이 안정될 때까지 처음 몇 주 동안은, 램지 스트리트와 뉴튼 로드를 운행하는 데 걸리는 시간이 늘어나리라 예상됩니다. 빌리지 쇼핑 몰에서 쇼핑하려는 분들은 통행을 원활하게 하기 위해, 가능한 한 뉴튼 로드 출구 대신 노던 로드 출구를 이용해 주시길 바랍니다. 피크타임을 피해 외출하시거나 다른 길로 우회하시길 권해드립니다.

도표에서 볼 수 있듯이 교통 흐름상 여러 가지 변화가 생겼습니다. 영 스트리트 주민들은 더 이상 고속도로 진입을 직접적으로 할 수 없게 되고 그 대신 주유소에서 왼쪽으로 돌아 뉴튼 로드를 통해 고속도로에 진입하여야 합니다. 학생들의 대학교 주차장 이용도 클린톤 대학에서 램지 스트리트로 나오는 출구가 신호등에 의해 통제되기 때문에 지연되리라 예상하며, 가능하다면 뉴톤 출구를 이용해 줄 것을 부탁 드립니다.

버스 전용 차선 건설 계획 중 이 구간은 2년이 소요되리라 예상되는데, 이 기간 동안 여러 가지 교통 체제가 사용될 것입니다. 고속도로 임시 진입로는 공사가 끝날 때까지 유지될 것입니다. 저희는 학부모님과 학교측에 이 지역에 있을 앞으로의 변화를 계속해서 알려드릴 것입니다. 여러분의 양해 미리 바랍니다.

언제든지, 저희는 인근지역의 불편함을 최소화하는데 목적을 두겠습니다. 만일 질의나 관련사항이 있을 경우 이 모임이 끝날 때 질의하시거나 혹은 나중에 질의사항이 있으면 회의가 끝날 즈음 전화 번호를 알려 드리오니 연락하기 바랍니다.

그 밖의 문의 사항을 위해 연락 가능한 몇 사람이 있습니다. 저의 이름은 로버트 햇필드이며, 비록 제가 대부분의 시간을 사무실 밖에 있더라도 0800-6539077으로 연락하시면 되고 근무 시간은 오전 6시 30분에서 오후 3시까지 입니다. 저는 북부지역 버스 전용 차선 사업의 이번 단계 담당자이며, 완료 시까지 이 공사를 감독할 것입니다. 저에게 연락이 되지 않을 경우 부 담당자인 앨리스 바우어에게 0800-631-4777으로 오전 9시부터 저녁 5시까지 문의하십시오. 그녀는 공사 기간 내내 저를 보조하므로 진행되는 모든 구간에 대해 소상히 알고 있습니다.

만일 근무 시간 외에 궁금한 사항이 있으시면 시의회가 설치해 놓은 hotline(긴급 직통 전화)으로 기술 담당자, 페니 리델(받아 적으시려면 철자는 L-I-D-D-E-L-L입니다)에게 문의 할 수 있습니다. 그녀는 주중 오후 5시에서 오후 10시까지 근무하며 연락처는 0800-242-3192입니다. 공사 진행을 알아 보기 위해 www.northbusproject.com.nz로 확인하실 수도 있습니다.

Questions 12~16

Listen to the directions and identify the place names of 12~16 shown on the map below.
지문을 듣고 아래 지도의 12~16번에 해당하는 장소를 적으시오.

Choose your answer from the list of place names below.
답안 작성시 아래 주어진 장소 목록에서 고르시오.

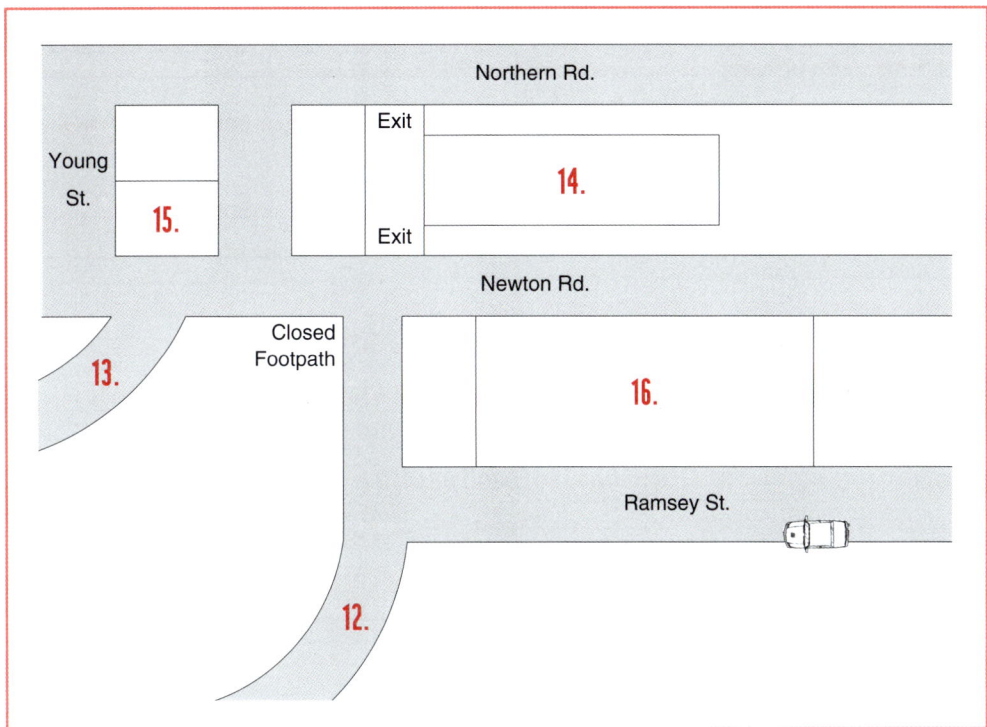

Place Names 장소명
- Clinton University 클린턴 대학교
- Temporary On-ramp 임시 고속도로 진입로
- Village Shopping Mall 빌리지 쇼핑몰
- Gas Station 주유소
- Old On-ramp 기존 고속도로 진입로

정답 | 12. Temporary On-ramp

13. Old On-ramp

14. Village Shopping Mall

15. Gas Station

16. Clinton University

Questions 17~22

Complete the table below. 아래 도표를 완성하시오.
Use NO MORE THAN THREE WORDS for each answer. 답안 작성시 3단어 이내로 하시오.

Name	Job Title	Phone Number	Time Available
Robert Hatfield	Project Manager	0800 **17.** 6539077	**18.** 6:30am~3pm
Alice Bauer	**19.** Assistant Manager	0800 6314777	9am ~ **20.** 5pm
Penny **21.** Liddell	Technical Manager	0800 **22.** 2423192	5pm ~ 10pm

이름	직책	전화 번호	이용 가능 시간
로버트 핫필드	프로젝트 담당자	0800 **17.** 6539077	**18.** 6:30am~3pm
앨리스 바우어	**19.** 부 담당자	0800 6314777	9am ~ **20.** 5pm
페니 **21.** 리델	기술 담당자	0800 **22.** 2423192	5pm ~ 10pm

 script

Yuki: Hi. Francisco, good to see you.

Francisco: I'm fine, how was your holiday?

Yuki: Alright, I guess. Do you know anything about the events in Orientation week?

Francisco: There's an older student, lets ask him what there is to do?

Yuki: OK, good idea. Excuse me. We're new here, can you tell us a little about the activities for Orientation week?

Dan: Sure, it's usually a fun time. I'd definitely take the guided tour first, it's really helpful to find out where your classes are and how to get around the place. The university has been around for 120 years so the guide should be able to tell you of the school's history.
<u>Q23</u>

Francisco: Are the tours of the library and the guidance block useful?

Dan: Yes, I would recommend them. The library tour will show you where you can get resources for your assignments and how to check out books, do photocopying and look up the reference section. The guidance block tour is really helpful; they will give you a free student diary. Also you can discuss your course with the counsellor, to see what career
<u>Q24</u>
paths your course can lead to.

Yuki: Thank you, we're also new to the city. Where can we go to meet new people?

Dan: I would suggest introducing yourself to other students during the tours. Another good idea, if you are not busy, is to go along to one of the events that are hosted during the week. Lots of new students go to them and they will be in the same situation as you.

Francisco: Do you know anything about this year's activities?

Dan: I'm not sure about all the activities because most of them are for <u>first-year students</u>. Your
<u>Q25</u>
best bet is to go to the Student Information Centre and get a brochure. You can find the Student Information Centre by crossing the square, going past the cafe then up the stairs and you'll see the <u>red and white sign</u> for the centre.
<u>Q26</u>

Yuki: Thank you very much, you have been a great help to us.

Dan: My pleasure, I hope to see you around campus.

Francisco: Here's the Student Information Centre, let's ask them.

Yuki: Excuse me, do you have a brochure that outlines all the Orientation Week activities?

S.I: Yes, there is a brochure. Now I'll just show you what it contains. This part is a message from the Chancellor, over here is the list of activities and if you fold it out, there is a map of the university.

Francisco: Now that will be useful, I've been feeling lost most of the day.

유키 : 안녕 프란시스코, 만나서 반갑다.

프란시스코 : 그래, 휴가는 잘 지냈지?

유키 : 좋았다고 생각해. 오리엔테이션 주간에 있을 행사에 대해 아는 바가 있니?

프란시스코 : 선배 학생이 있는데, 그 사람한테 할 만한 것이 뭐가 있는지 물어 보자.

유키 : 그래 좋은 생각이다. 실례합니다. 저희는 신입생인데요, 오리엔테이션 주간에 있을 활동에 대해 좀 알려 주실 수 있으세요?

댄 : 물론이지. 통상적으로 재미있는 시간이야. 나라면 먼저 학교안내를 받겠어. 그것은 교실이 어디에 있고 그곳에 어떻게 가는지 아는데 많이 도움이 된단다. 대학교는 120년 전통이 있어서 안내 시에 학교의 역사에 대해 말해 줄 거야.

프란시스코 : 도서실과 진로 상담실 탐방이 도움이 됩니까?

댄 : 그래, 나는 그것들을 추천하고 싶어. 도서실 탐방은 과제를 위한 각종 자료를 찾을 수 있는 곳, 도서 대출 방법과 복사하는 법, 그리고 참고 단락을 찾는 법 등에 대해 알려 줄 거야. 진로 상담실 탐방은 정말 유용해. 그곳에서 무료로 학생수첩을 나누어 줄 거야. 또한 너는 과정과 연결된 진로가 무엇인지 상담선생님과 수업과정에 대해 상의할 수 있어.

유키 : 고마워요. 우리는 이 도시가 처음이거든요. 어디에 가면 새로운 사람들을 만날 수 있죠?

댄 : 교내 탐방을 하면서 다른 학생들에게 너를 소개하도록 해. 너희들이 바쁘지 않다면 또 다른 좋은 방법은, 주중에 열리는 행사 중 한 곳에 가보는 거야. 많은 신입생들이 거기에 가는데 그들도 너희와 같은 상황일 거야.

프란시스코 : 금년도 행사에 대해 아는 것이 있어요?

댄 : 행사의 대부분이 1학년 학생 대상이라서 난 모든 행사에 대하여 확실하게 알지는 못해. 가장 좋은 방법은 학생정보센터에 가서 안내책자를 받는 거야. 광장을 가로질러 카페를 지나 계단을 올라가면 학생정보센터가 있는데, 빨간색과 흰색으로 된 간판을 볼 수 있을 거야.

유키 : 정말 고마워요, 우리에게 많은 도움이 되었어요.

댄 : 천만에, 교정에서 다시 볼 수 있으면 좋겠다.

프란시스코 : 여기가 학생정보센터인 가봐. 우리 물어보자.

유키 : 실례합니다, 오리엔테이션 주간 모든 행사에 관한 개요가 있는 책자가 있습니까?

S.I : 예, 있습니다. 무엇이 있는지 설명해 드리겠습니다. 이 부분은 총장님이 전하는 말씀이고 여기는 행사 목록이며 이것을 펼치면, 학교 지도가 있습니다.

프란시스코 : 유용할 것 같네요, 오늘 대부분 시간을 헤매고 다녔는데.

Yuki: Right we should make a list of what we are going to do this week.

Francisco: That sounds like a good idea. Where should we start?

Yuki: Well, there's only one activity down for this morning. The Dean's welcoming speech is Monday 10am in the main hall. We probably should go to that and hear what he has to say.

Francisco: Well, that's about an hour away. So we can make our list first before heading over there.

Yuki: Here's the library and guidance tour that Dan was talking about. They start this afternoon at <u>20 past one</u> in the library. That will be handy for us to go to.

Q27

Francisco: It's a good idea to go. But you know, all work and no play makes Jack a dull boy. I think we should check out the band 'Black Heart' at Chances Bar at quarter past seven tonight.

Yuki: Black Heart?! Sounds a bit heavy for me! I think that the Poetry Recital is more my scene. It's on Tuesday morning, at the <u>Outdoor Theatre</u>. I'll have to look at the map to see where that is.

Q28

Francisco: What time is it on?

Yuki: Ten to Nine in the morning.

Francisco: Woh, I think I'll only be just waking up at that time. I think it might be a better idea to go to the Shakespeare Society's lunchtime performance at noon.

Yuki: Shakespeare! I did enough of that at school! If we go to something around lunchtime I think we might be better to go to the violin concerto in the Main Hall. It says we should be in the hall by <u>eight minutes to one</u> to ensure that we are seated in time.

Q29

Francisco: That sounds like a good idea, that way we can pick up some lunch beforehand. What about Wednesday? Hey do you still play volleyball? Because there's a display by the <u>sports clubs</u> in the Main Hall at a quarter past eight in the morning.

Q30

Yuki: I might be too busy with my studies to play that this year but I think I should go just in case it fits in with my timetable.

Francisco: Look at this, Wednesday night, five past nine - The Drama society is staging a play in the Main Hall. Can we please go to that?

Yuki: OK, so long as it doesn't go on too long. So what about Thursday? I think that we should go to the book sale in the <u>library</u> sometime in the morning. When are you free?

Q31

Francisco: Well I have class until half past nine, so shall we go to the sale at quarter to ten?

Yuki: Yes, I'm free then so we'll meet at the library, OK that just leaves Friday. What do you feel like doing?

Francisco: Well after a hard week there's only one place I want to go. Chances Bar.

Yuki: It says here that it is a dance evening on Friday, DJ Silver is playing. What time should we meet?

Francisco: I have to work in the early evening. I'll finish work at eight o'clock.

Yuki: I'm not working that night, so I'll fit in with you. Shall we meet at the bar at <u>twenty past eight</u>?

Q32

Francisco: OK, that's done. Shall we go to the Dean's speech?

Yuki: OK, Let's find the Main Hall on the map.

유키 : 이번 주에 해야 할 일의 목록을 만들어야겠다.

프란시스코 : 좋은 생각인데. 어디부터 시작해야 하지?

유키 : 음, 오늘 아침에는 오직 한 가지 행사가 있다. 학장님의 환영사가 월요일 오전 10시에 강당에서 있네. 아마도 그곳에 가서 무슨 말씀을 하시는지 들어야 할 것 같아.

프란시스코 : 음, 1시간 정도 남았네. 우리는 그 곳에 가기 전에 우선 목록을 만들 수 있을 거야.

유키 : 여기가 댄이 말한 안내 탐방이 있을 도서실이야. 오늘 오후 1시 20분에 도서실에서 시작되지. 그곳에 가는 것이 편할 것 같다.

프란시스코 : 가는 것이 좋을 것 같다. 그런데 네가 알다시피, 매일 일만 한다면 인생이 따분하잖아. 오늘 저녁 7시 15분에 챈스바에서 있을 '블랙 하트' 밴드를 확인해야 한다고 생각해.

유키 : 블랙 하트?! 나에겐 좀 무거운 느낌이 드는데! 나에겐 시 낭송회가 더 맞을 것이라고 생각해. 화요일 오전에 야외극장에서 있어. 그곳이 어디에 있는지 지도를 봐야겠네.

프란시스코 : 몇 시에 있는데?

유키 : 아침 8시 50분에.

프란시스코 : 와우, 난 그 시간에 겨우 일어나는데. 정오에 있을 셰익스피어 동호회의 점심시간 공연에 가는 것이 더 나을 것 같아.

유키 : 셰익스피어! 학교에서 한 것만으로 충분해! 점심시간쯤에 어딘가를 갈 거라면, 강당에서 있을 바이올린 협주에 가는 것이 더 나을 것 같은데. 늦지 않게 자리 잡으려면 1시 8분전까지 강당에 가야 해.

프란시스코 : 좋은 생각이야, 그렇게 하면 미리 점심을 살 수 있어. 수요일은? 야 너 여전히 배구를 하니? 아침 8시 15분에 강당에서 스포츠 동호회의 시범이 있는데.

유키 : 금년에는 수업이 너무 바빠서 운동은 하지 못할 것 같지만 나의 일정에 맞출 수 있을지도 모르니까 가 봐야겠다.

프란시스코 : 이것 봐, 수요일 저녁 9시 5분에 드라마 동호회가 강당에서 공연을 해. 거기에 갈래?

유키 : 좋아, 너무 길지만 않으면. 목요일은? 오전 시간 중에 도서실에서 있을 도서판매에 가야만 할 것 같아. 너는 언제 시간이 있어?

프란시스코 : 음, 9시 30분까지는 수업이 있어, 9시 45분에 도서판매 하는데 갈까?

유키 : 그래, 나는 한가해 우리 도서실에서 만나자, 알았지, 금요일만 남았네. 너 뭐하고 싶어?

프란시스코 : 음, 힘든 한 주 끝에 내가 가고 싶은 단 한 곳이 있지. 챈스 바야.

유키 : 금요일 저녁에는 댄스가 있다고 그러네, DJ 실버가 연주 할 거야. 몇 시에 만날까?

프란시스코 : 초저녁에는 일을 해야 해. 8시에 일이 끝나.

유키 : 나는 그 날 저녁에는 일을 하지 않아, 그러니까 내가 너한테 맞출게. 바에서 8시 20분에 만날까?

프란시스코 : 그래, 그럼 됐지. 우리 학장님 연설하는데 가자.

유키 : 알았어, 지도에서 강당을 찾아보자.

Questions 23~26

Complete the sentences below. 아래 문장을 완성하시오.
Write NO MORE THAN THREE WORDS AND/OR NUMBER for each answer.
답안 작성시 세 단어 이내의 단어와 혹은 숫자를 적으시오.

23. Dan says that the university has existed for <u>120 years</u> .

댄이 말하길 이 대학교는 <u>120 년</u> 되었다고 한다.

24. On the Guidance Block tour students are given a <u>(free) student diary</u> .

진로 상담실 탐방 길에 학생들은 <u>학생수첩</u> 을 받는다.

25. Dan says he doesn't know anything about this year's activities because they are for <u>first year students</u> .

댄은 연중 행사가 <u>1학년생을 위한</u> 것이기 때문에 그것들에 대해 모른다고 했다.

26. The sign for the Student Information Centre is coloured <u>red and white</u> .

학생정보센터의 간판은 <u>빨갛고 흰</u> 색이다.

Questions 27~32

Complete the table below. 아래 도표를 완성하시오.

Write NO MORE THAN THREE WORDS AND/OR NUMBER for each answer.

답안 작성시 세 단어 이내의 단어와 혹은 숫자를 적으시오.

Name of Activity	Location	Time they will be there
Dean's Speech	Main Hall	10:00am
Library and Guidance Block Tour	The library	27. 1:20pm
Black Heart band	Chances Bar	7:15pm
Poetry Recital	28. Outdoor Theatre	8:50am
Shakespeare Society	–	12:00pm
Violin Concerto	Main Hall	29. 12:52pm
30. Display Sports Club	Main Hall	8:15am
Drama Society	Main Hall	9:05pm
Book Sale	31. Library	9:45am
DJ Silver	Chances Bar	32. 8:20pm

행사 이름	장소	도착해야 할 시간
학장님 연설	강당	오전 10시
도서실과 진로 상담실 탐방	도서실	27. 1:20pm
블랙 하트 밴드	챈스 바	오후 7시 15분
시 낭송회	28. 야외 극장	오전 8시 50분
세익스피어 동호회		정오 12시
바이올린 연주회	강당	29. 12:52pm
30. 스포츠 동호회 시범	강당	오전 8시 15분
드라마 동호회	강당	오후 9시 5분
도서 판매	31. 도서실	오전 9시 45분
DJ 실버	챈스 바	32. 8:20pm

SECTION 4 *Questions 33~41*

 script ——————————————————————————————

Professor:

Good morning class, today we have a guest lecturer, Dr. Ashley Jones, who will be discussing nutrition with you.

Ashley Jones:

Thank you. During this discussion I will be concentrating on an essential mineral for the body, iron. Iron is essential to nearly all known living things; it joins with proteins in the body to assist with storing oxygen and also with transporting oxygen throughout the blood stream. Most iron in our body is recycled through the breaking down of aged red blood cells and the formation of new ones, however a certain amount is lost each day through sweating and shedding of skin and this needs to be
Q33
replaced through the food we eat. Therefore it is important to ensure that your diet contains sufficient iron to meet your daily requirements. Fortunately as iron is such an essential item to all living things it can be found in a wide variety of foods.
Q34

There are two types of iron found in food. Non-heme iron is found in bread, fruit, breakfast cereals,
Q35
legumes, eggs and nuts. Herbivorous animals are able to absorb this type of iron very easily, however as we are omnivores, humans have difficulty absorbing non-heme iron and can only absorb this in reasonable quantities when eaten with vitamin C or meat. The other type is heme iron which is found in red meat, poultry and seafood. Carnivorous animals can only absorb this type of iron. Humans are able to absorb both types, however, as I have mentioned, heme iron is much more easily absorbed by the human body. Therefore meat is an essential part of a balanced diet in order to get sufficient heme iron into the body.

Eliminating red meat from the diet, for whatever reason, can lead to iron and zinc deficiencies. Even
Q36
people who eat white meat and seafood only are at risk of iron depletion. White meat eaters or vegetarians need to eat significant amounts legumes, wholegrain and breakfast cereals to get enough iron and zinc and ensure that they consume any relevant dietary supplements to maintain the necessary iron levels. If a person fails to maintain their level of iron they can suffer from Iron Deficiency Anaemia. The symptoms of Iron Deficiency Anaemia include tiredness, unusually pale skin and weakness of muscles. In extreme cases, this form of Anaemia can lead to hair loss, dizziness and the inability to concentrate. Q37

Iron Deficiency Anaemia is relatively common among young women and as a result women need more iron than men due to regular blood-loss through menstruation. Women therefore must eat food with concentrated sources of iron because they generally eat less than men. As iron is so important for transportation of oxygen throughout the body, it is also essential for sports people to keep their iron intake up in order to ensure their muscles are able to perform at their maximum ability and that they have sufficient iron to maintain their energy levels. A regular intake of iron is also very important for students as you all need to remain alert and focused to get the best out of your lectures.

Q38

As I mentioned earlier, the best source of iron for humans is meat. But meat contains varying levels of iron depending on the cut. A clue as to how much iron is contained in a piece of meat is its colour. Meat colour is determined by the amount of myoglobin - an oxygen-storing pigment found in blood that contains iron. The more myoglobin, the higher the iron content and the redder the meat. Chicken

Q39

leg meat is darker than the breast meat because of the myoglobin content. Likewise beef and lamb contain much higher levels of myoglobin than pork and chicken.

I have discussed how iron can be good for you but I should mention that iron can also be potentially toxic in large quantities. This is largely caused by consuming too much meat or eating excessively. If a person has too much iron in their system the excess iron will not attach itself to their red blood cells and will instead float free within cells. Iron's ability to donate and accept electrons means that if iron is free within the cell, it can catalyse the conversion of certain cells into free radicals which can cause

Q40

damage to other cells within the body. The damage by free radicals is still being studied but several theories link free radicals to diseases such as Alzheimer's disease and cancer. Therefore it is recommended that meat is consumed in moderation to avoid excessive iron intake and the problems arising from it.

Overall, I and most nutritionists recommend one daily serving of lean, red meat to keep iron levels up

Q41

and people's bodies healthy. This should be consumed alongside vegetables, rice or other food to enable maximum absorption of iron. People should also remember to eat in moderation to prevent the problems associated with high levels of minerals in the body.

교수:
안녕하세요. 학생 여러분, 오늘은 여러분과 영양에 관해 강의하실 애쉴리 존스 박사님을 모셨습니다.

애쉴리 존스:
감사합니다. 오늘 강의에서 저는 신체에 필요한 필수 무기질인 철분에 관해 집중적으로 말할 것입니다. 철분은 우리가 알고 있는 거의 모든 생물에 필수적인데, 체내에서 단백질과 결합하여 산소를 저장하고 또한 혈액을 통해 산소를 운반합니다. 신체 내 철분의 대부분은 노화된 적혈구의 소멸과 새로운 적혈구의 생성을 통해 재생되지만, 일정량은 땀과 각질을 통해 매일 유실되므로 이 부분은 우리가 섭취하는 음식물을 통해 보충되어야 합니다. 그러므로 일일 필요량을 충족시키기 위해 식사에 충분한 철분을 포함시키는 것이 중요합니다. 다행히도 모든 생물에 필수요소인 철분은 다양한 음식 속에 함유되어 있습니다.

음식에 있는 철분은 2가지 종류가 있습니다. 비환원 헤모글로빈 철분은 빵, 과일, 아침대용 곡물, 콩, 계란과 견과류에 함유되어 있습니다. 초식동물은 이런 종류의 철분을 쉽게 흡수할 수 있지만, 인간은 잡식성이라 비 환원 철분을 흡수하는 것이 어렵고, 단지 비타민 C나 육류와 함께 먹을 때 일정량이 흡수됩니다. 다른 종류는 환원 헤모글로빈 철분으로 붉은 육류, 가금류와 해산물 속에 있습니다. 육식 동물은 이 종류의 철분만을 흡수할 수 있습니다. 인간은 두 가지를 모두 흡수할 수 있지만, 언급한 바와 같이, 환원 헤모글로빈 철분이 인간의 신체에 의해 훨씬 더 쉽게 흡수됩니다. 그러므로 육류는 신체에 충분한 환원 헤모글로빈 철분을 공급하기 위해 균형 잡힌 식사의 가장 중요한 요소입니다.

이유를 막론하고, 식사에서 붉은 육류를 제외시키면 철분과 아연 결핍을 초래할 수 있습니다. 흰색 고기와 해산물만 섭취하는 사람들도 철분 결핍의 위기에 놓입니다. 흰색 고기를 먹는 사람이나 채식주의자는 충분한 철분과 아연을 섭취하기 위해 상당한 양의 콩, 정제하지 않은 곡류 그리고 아침대용 곡물을 먹을 필요가 있고 필요한 철분 수치를 유지하기 위해 관련 보조식품을 섭취해야만 합니다.

만일 아연수치를 유지하지 못할 경우 아연 결핍성 빈혈로 고생할 수 있습니다. 철분 결핍에 의한 빈혈 증상은 피곤함, 지나치게 창백한 피부와 근육 무력 입니다. 최악의 경우 이 종류의 빈혈은 탈모, 어지럼증, 집중불능을 초래할 수도 있습니다.

철분 결핍성 빈혈은 상대적으로 젊은 여성 사이에 흔한데, 여성들은 월경을 통한 정기적인 혈액 유실로 인해 결과적으로 남성보다 더 많은 철분이 필요합니다. 따라서, 일반적으로 여성들이 남성보다 덜 먹기 때문에, 여성들은 반드시 철분을 다량 함유한 음식을 섭취해야 합니다. 또한, 철분이 전신에 산소를 운반하는데 매우 중요하므로, 운동을 하는 사람들에게도 근육이 최대한 능력을 발휘할 수 있도록 하기 위해, 그리고 열량 수준을 유지시켜 줄 충분한 철분을 확보하기 위해, 철분을 지속적으로 섭취하는 것이 중요합니다. 정기적인 철분 섭취는 강의를 잘 듣기 위해 집중하고 정신을 바짝 차려야 하는 학생들에게도 매우 중요합니다.

앞에서 언급한 바와 같이, 사람에게 가장 좋은 철분의 공급원은 고기입니다. 하지만 고기는 부위에 따라 다른 철분 수치를 포함하고 있습니다. 고기에 포함된 철분의 양을 알기 위한 단서는 고기의 색깔입니다. 고기 색깔은 혈액 속에 있는, 철분을 함유한 산소 저장 색소인 미오글로빈의 양에 의해 결정됩니다. 미오글로빈이 많으면 많을수록 철분 함유량이 높고 고기의 색깔도 더 붉습니다. 닭다리 부위 고기가 미오글로빈 함유량 때문에 가슴살보다 더 진합니다. 마찬가지로 쇠고기와 양고기도 돼지고기와 닭고기보다 미오글로빈의 수치가 더 높습니다.

지금까지 저는 철분이 여러분에게 얼마나 좋은지를 설명했습니다만, 또한 많은 양의 철분은 해로울 수 있다는 것도 꼭 말씀 드려야겠습니다. 대개 너무 많은 양의 육류를 먹거나 집중적으로 먹으면 그렇습니다. 만일 체내에 너무 많은 양의 철분이 있게 되면 초과량의 철분은 적혈구에 흡착되지 않고 그 대신 세포 안에서 떠돌게 됩니다. 철분이 전자를 주고 받는 능력이 있기 때문에, 철분이 세포 안에서 자유롭게 될 경우, 특정세포를 체내의 다른 세포에 손상을 줄 수 있는 활성산소로의 전환을 촉진시킵니다. 활성산소에 의한 손상은 여전히 연구 중에 있지만 활성산소가 노인치매와 암과 같은 질병과 연관된다는 여러 가지 이론들이 있습니다. 그러므로 과도한 철분 섭취와 그로 인해 발생하는 문제를 막기 위해, 고기는 적당히 섭취할 것을 권장합니다.

결론적으로, 저와 대부분의 영양학자들은 철분 수준을 유지하고 신체를 건강하게 유지하기 위해 일일 필요량의 붉은 살코기를 먹도록 권합니다. 고기는 철분 흡수를 최대로 하기 위해 야채, 쌀 혹은 다른 음식과 함께 섭취하여야 합니다. 사람들은 또한 체내에 무기질 수치가 높아서 발생되는 문제들을 예방하기 위해 적당량을 섭취해야 함을 기억해야만 합니다.

Questions 33~34
Complete the sentences below. 아래 문장을 완성하시오.
Write NO MORE THAN 3 WORDS AND/OR NUMBER for each answer.
답안 작성시 세 단어 이내의 단어와 혹은 숫자를 적으시오.

33. A certain amount of red blood cells are lost each day through sweating and <u>shedding of skin</u> .

일정한 양의 적혈구는 매일 땀과 <u>각질</u>에 의해 유실됩니다.

34. Iron can be found in a <u>wide variety</u> of foods.

철분은 <u>다양한 종류의</u> 음식에 함유되어 있다.

Questions 35~37
Choose the correct letter A~E for each question.
문제에 가장 정확한 답을 A~E에서 선택하시오.

35. Which type of food, according to the speech, does NOT contain Non-Heme Iron?

A. Eggs
B. Bread
C. Nuts
D. Chicken
E. Fruit

강연에 의하면, 비환원 헤모글로빈 철분을 포함하지 않는 음식이 무엇입니까?

A. 계란
B. 빵
C. 견과
D. 닭고기
E. 과일

정답 | D

36. Iron and which other mineral can be deficient in people who don't eat red meat?

A. Zinc
B. Sodium
C. Cereals
D. Magnesium
E. Legumes

철분과 함께 붉은 육류를 섭취하지 않는 사람들에게 부족될 수 있는 다른 무기질은 무엇입니까?

A. 아연
B. 나트륨
C. 곡물
D. 마그네슘
E. 콩

정답 | A

37. Which symptom is NOT given as a symptom of Iron-Deficiency Anaemia?

A. Hair loss
B. Fainting
C. Unusually pale skin
D. Tiredness
E. Dizziness

철분 부족 빈혈의 증상으로 언급되지 않는 것은 무엇입니까?

A. 탈모
B. 졸도
C. 지나치게 창백한 피부
D. 피곤함
E. 어지럼증

정답 | B

Questions 38~41

Complete the sentences below. 다음 문장을 완성하시오.
Write NO MORE THAN 3 WORDS AND/OR NUMBER for each answer.
답안 작성시 세 단어 이내의 단어와 혹은 숫자를 적으시오.

38. A regular intake of iron is important for students to remain alert and focused .

규칙적인 철분 섭취는 집중하고 정신을 바짝 차려야 하는 학생들에게 중요하다.

39. Myoglobin is an oxygen storing pigment in the blood that contains iron .

미오글로빈은 철분을 포함하는 혈액의 산소 저장 색소입니다.

40. Iron can catalyse the conversion of cells into free radicals .

철분은 세포들의 활성산소 로의 전환을 촉진시킵니다.

41. Most nutritionists recommend one daily serving of lean, red meat .

대부분의 영양학자들은 일일 필요량의 붉은 살코기 섭취를 권장합니다.

IELTS PRACTICE TEST 02

1	Intermediate	22	M
2	Bagley	23	B
3	Beach Road School	24	K
4	holiday	25	S
5	018 212 8117	26	S
6	10:15am	27	B
7	Main Hall	28	1942
8	D	29	Y
9	A	30	2005
10	D	31	the Council
11	D	32	ninth
12	A	33	lost its status
13	A	34	(considerable) debate
14	B	35	of the population
15	A	36	discovered by an
16	wearing sunglasses	37	B
17	It passed away OR it died.	38	E
18	To the toilets	39	C
19	Shipwreck Island	40	A
20	Arts and crafts	41	D
21	On the porch		

🎧 script ——

Cole: Hello, Chinese Language Association, Cole Speaking.

Linda: Hello. I would like to make some enquiries about the upcoming Chinese Speaking competition.

Cole: Do you want to enter a child into the competition or are you looking at attending the competition as a spectator?

Linda: Well, My son would like to enter; he has been learning Chinese for a while now and would like to test out his language skills.

Cole: OK, I can do the entry form over the phone. We have three categories for the competition, Junior, Intermediate and Senior so can I have your son's age please.

Linda: He is 13 years old.

Cole: Thanks, he will be in the Intermediate category.
<u>Q1</u>

Linda: Is there a level that he should be at to compete? I guess some of the students will have been learning longer than he has.

Cole: Well, some of the students will have been learning since primary school. But the most important thing is to take part.

Linda: Yes, I guess you are right.

Cole: I'll need to know your son's name.

Linda: His name is James Bagley.
<u>Q2</u>

Cole: Can you spell his last name please.

Linda: B-A-G-L-E-Y

Cole: Thank you very much. Now I also need to know which school James attends.

Linda: He goes to Beach Road School.
<u>Q3</u>

Cole: Now, as you may realize the competition involves making a 3 minute speech in front of our judging panel. The candidates have a choice of talking about their family or else their favourite holiday. Do you know which one James will be discussing about?

Linda: James has written his speech about our trip to Disneyland.
<u>Q4</u>

Cole: OK, thanks. Right now I also need a contact phone number for you.

Linda: Our phone number is 018 212 8 double 1 7
<u>Q5</u>

Cole: Thanks for that. That's all the information I need. Do you have any questions?

Linda: Yes, can you please tell me when the competition will start?

Cole: The competition will commence at a quarter past ten in the morning but I would advise that
<u>Q6</u>
you arrive at about ten minutes to ten to ensure you get a car park.

Linda: OK thanks, and can you please remind me where the competition will be held?

Cole: It's in the Main Hall of Double Bay College.
<u>Q7</u>

Linda: Thank you very much. Do you have a map on how to get there?

Cole: Yes, here you go.

Linda: Thanks.

....

콜 : 여보세요. 중국어 협회, 콜입니다.

린다 : 안녕하세요. 곧 있을 중국어 말하기 대회에 대해 문의하고 싶습니다.

콜 : 경연대회에 아이를 출전시키고 싶으세요? 아니면 관객으로 대회를 관람하고자 합니까?

린다 : 음, 아들이 참가하고 싶어합니다, 중국어를 지금까지 줄곧 배워와서 어학능력을 테스트하고 싶어합니다.

콜 : 예, 전화로 신청서를 작성할 수 있습니다. 저희는 대회를 초등부, 중등부, 고등부 세 가지로 나누는데, 자녀의 나이를 알 수 있을까요?

린다 : 13살입니다.

콜 : 감사합니다. 그 애는 중등부에 들어 갈 것입니다.

린다 : 대회에 나가는데 그가 속해야 할 다른 그룹이 있나요? 제가 생각하기엔 어떤 학생들은 저의 아이보다도 더 오랫동안 공부해 왔을 것 같은데요.

콜 : 음, 일부 학생들이 초등학교부터 중국어를 배워왔습니다. 하지만 가장 중요한 것은 참가하는 데 있습니다.

린다 : 예, 당신이 옳은 것 같네요.

콜 : 자녀의 이름을 알고 싶습니다.

린다 : 제임스 배글리입니다.

콜 : 성의 철자를 불러주시겠습니까?

린다 : B-A-G-L-E-Y

콜 : 감사합니다. 아이가 어느 학교에 다니는지요?

린다 : 비치 로드 학교에 다닙니다.

콜 : 자, 아실지 모르겠는데요, 대회는 심사위원 앞에서 3분 동안 말하기를 합니다. 참가자들은 가족 혹은 그 밖에 좋았던 휴가에 대해 말하게 됩니다. 제임스가 어느 주제를 말하려는지 아시나요?

린다 : 제임스는 디즈니랜드 여행에 대해 썼습니다.

콜 : 예, 감사합니다. 연락 전화번호가 필요합니다.

린다 : 전화번호는 018 212 8117입니다.

콜 : 감사합니다. 이것이 알아야 할 모든 내용입니다. 문의 사항이 있으세요?

린다 : 예, 언제 대회가 시작하는지 알려주실 수 있나요?

콜 : 대회는 아침 10시 15분에 시작되지만 주차장을 확보하려면 10시 10분 전까지 도착하시길 바랍니다.

린다 : 알았습니다. 감사합니다. 대회가 어디에서 개최되는지 말씀해 주실 수 있나요?

콜 : 더블베이고교 본관입니다.

린다 : 감사합니다. 그곳에 어떻게 가는지, 지도를 가지고 있습니까?

콜 : 에, 어기 있습니다.

린다 : 감사합니다.

_____

Linda: Hi James, are you ready for the competition.

James: I guess so. I'm feeling a little nervous.

Linda: That's ok, everybody is nervous before a big event. Just pretend it is like a practice session with your teacher.

James: OK.

Linda: Do you know where to go?

James: Not really, No.

Linda: OK, well on the map it says that the hall is across the car park. Follow the path for a while, then turn right and the hall is next to the fish pond and opposite the Science building.

Q8

James: OK I've got that.

Linda: When you get on stage make sure you look out for me.

James: All right, where's your seat?

Linda: Oh hang on. I'll just check my ticket. <u>Right, when you look at me from the stage I will be in the fourth row back and the second seat from the left hand side.</u>
Q9

James: OK, I'll wave to you when I get up there.

Linda: That's probably not a good idea, you want to look good for the judges. Aunt Carol will probably be here too. <u>You'll be able to see her easily as she is wearing a black hat with a white</u> Q10 <u>band around it.</u>

James: OK, I'll look out for her too.

Linda: Well, it's time to go - Break a leg!

James: What!

Linda: <u>It's a traditional way of wishing good luck before a performance.</u>
Q11

James: Well, I certainly hope I don't do that! See You Soon

Linda: See You.

린다 : 안녕, 대회 준비는 잘 되고 있니?

제임스 : 예 그렇습니다. 좀 떨리는데요.

린다 : 괜찮아, 큰 행사를 앞두면 모두가 긴장한단다. 선생님과 연습하는 것이라고 생각하렴.

제임스 : 알았습니다.

린다 : 어떻게 가는지 알고 있지?

제임스 : 잘 모르는데요.

린다 : 응, 지도를 보면 강당이 주차장 건너편에 있는데, 길을 따라 가다가 오른쪽으로 돌면 강당이 연못가 옆에 있어, 과학 건물 건너편에.

제임스 : 네, 알았습니다.

린다 : 강단에 올라가면 엄마를 찾도록 해라.

제임스 : 알았습니다. 자리가 어디인데요?

린다 : 응 잠깐, 표를 확인해 볼게. 여기, 강단에서 뒤로 4번째 줄 그리고 왼쪽에서 2번째 좌석이란다.

제임스 : 알았습니다. 찾으면 손을 흔들게요.

린다 : 아마도 좋은 생각이 아닌 듯 하다. 너는 심사위원들에게 잘 보이고 싶지 않니. 아마도 캐롤 숙모도 올 거야. 숙모께서 흰띠가 둘러진 검은 모자를 쓰고 계실 테니 네가 쉽게 찾을 수 있을 거야.

제임스 : 알았습니다. 숙모도 찾도록 할게요.

린다 : 음, 이제 갈 시간이다. 다리가 부러져라(행운을 빈다)!

제임스 : 뭐예요!

린다 : 행사를 앞두고 행운을 비는 전통적인 방식이란다.

제임스 : 음, 분명히 저는 그렇게 하지 않을 거예요! 그럼 바로 뵙겠습니다.

린다 : 그래.

Questions 1~7

Complete the form below. 아래 양식을 완성하시오.
Write NO MORE THAN 3 WORDS AND/OR NUMBER for each answer.
답안 작성시 세 단어 이내의 단어와 혹은 숫자를 적으시오.

Chinese Language Association
Speech Competition Entry Form

Category _____ **1.** _____
☐ Junior   ☐ Intermediate   ☐ Senior

Name   James _____ **2.** Bagley _____

School   **3.** Beach Road School

Speech Topic _____ **4.** _____
☐ Family   ☐ School   ☐ Friends   ☐ Holiday

Contact Phone Number **5.** 018 212 8117

Competition Start Time **6.** 10:15am

Competition Location   In the _____ **7.** Main Hall _____ of Double Bay College

---

중국어 협회
말하기 대회 참가 신청서

범주 **1.**
☐조능무   ☐승능부   ☐고등부

이름   제임스 **2.** 배글리
학교   **3.** 비치로드 학교

말하기 주제 **4.**
☐가족   ☐학교   ☐친구   ☐휴가
연락전화번호 **5.** 018 212 8117

경시대회 시작 시간 **6.** 10:15am
경시대회 장소   더블베이 고등학교 **7.** 강당

Questions 8~11
Choose the correct letter A~D. 정확한 답을 A~D에서 선택하시오.

8. Where is the main hall?
강당이 어디에 있습니까?

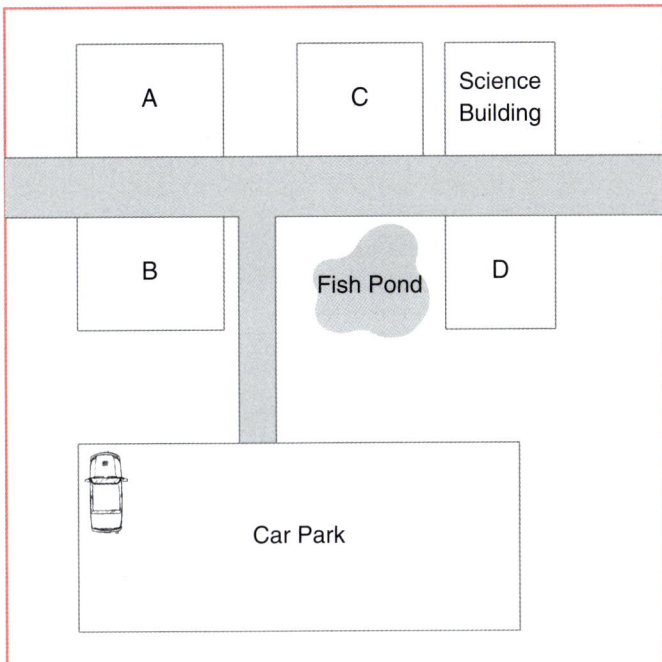

정답 | D

9. Where is Linda's Seat?
린다의 자리는 어디입니까?

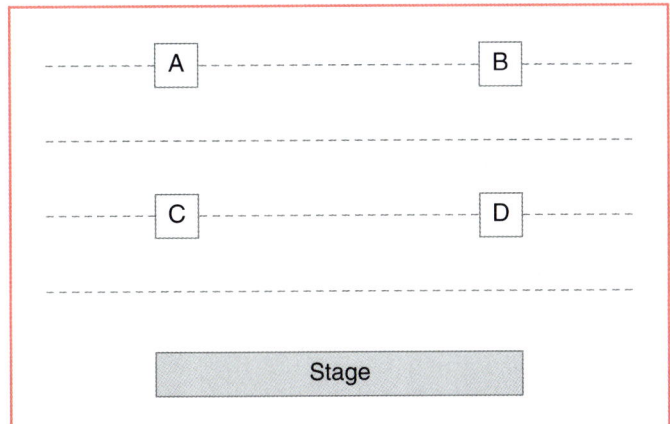

정답 | A

10. Which one is Aunt Carol?

누가 캐롤 숙모입니까?

A   B   C   D

정답 | D

11. What does James' mother mean when she says 'break a leg'?

A. She hopes he will break his leg.
B. he says it is traditional to break your leg.
C. She said he would have a good performance.
D. She wanted to wish him 'Good Luck'.

'다리가 부러져라'라고 말할 때 제임스 엄마가 무엇을 말하는 것입니까?

A. 그녀는 그의 다리가 부러지길 바란다.
B. 그녀는 다리가 부러지는 것은 전통이라고 말한다.
C. 그녀는 그가 좋은 성과를 거두리라고 말한다.
D. 그녀는 그의 행운을 기원하고 있다.

정답 | D

SECTION 2 — Questions 12~21

 script ──

Tour Guide:

Hello guests. Welcome to the beautiful town of Clearwater Beach. I hope you will enjoy the tour today of the town and its surroundings. Our tour will encompass both the natural wonders of our town along with some of the more notable man-made features of the area. Clearwater Beach is also rich in history and when we pass a feature of historical importance I will try to explain the background.

I will quickly run through the route we will be taking today. From the Bus Station we will be heading out of town over the Jersey Bridge. <u>As we cross the bridge make sure you look to your left and you should see some fisherman on the far bank.</u> The river is a great place for catching salmon at this time of year.
Q12

Once we have passed the Jersey Bridge, we will be driving through the Spy Valley Forest. There is a very interesting story behind the naming of the forest which I will explain as we drive through the area. At the forest we will be stopping for a quick bush walk. While walking through the bush I recommend you make your way to the Sutherland Waterfalls. These falls are magnificent and well worth the trip. <u>When we get to the bush walk make sure you turn left as you enter the forest then turn right when you come to the fallen log. Continue along the path and just past a small copse of trees is the waterfall.</u> Make sure you bring your camera along with you on the trek.
Q13

After the bush walk we are going to head to Marshall Point. The view here is also spectacular. We have to park the bus some way from the point so be ready for a short walk to the top. <u>This is a good place for a toilet stop, when you get off the bus there are some public toilets just behind the cafe and directly opposite the shop.</u> Q14

When you get to the point you may want to say 'hello' to the lighthouse keeper. His name is Terry and he is a well known local icon. <u>Look out for a man with a bushy beard who will be wearing a large</u> Q15 <u>raincoat.</u> Terry wears the rain coat regardless of whether it is raining or not and he is a bit of an eccentric character. But he loves to stop and chat with visitors and he has lived in the area for over 50 years so he has a lot of stories to tell about this community.

··

여행가이드:

안녕하세요. 여러분. 아름다운 마을 클리어워터 비치에 오신 것을 환영합니다. 오늘 이 마을과 주변 여행을 즐기시길 바랍니다. 이 관광에는 사람들이 만든 이 지역의 두드러진 특징을 이루는 몇 가지와 함께 우리 마을의 아름다운 자연이 포함될 것입니다. 클리어워터 비치는 또한 유서깊은 곳으로, 역사적으로 중요한 곳을 지날 때 그 배경을 설명해 드리겠습니다.

오늘 일정에 대해 간단히 훑어보기로 하겠습니다. 우리는 버스정류장에서 출발해서 저지 다리를 건너 이 마을을 빠져나

가게 됩니다. 다리를 지날 때 왼쪽을 보시면 멀리 보이는 강둑에 낚시꾼들을 보게 될 것입니다. 강은 매년 이맘때 연어를 잡기에 훌륭한 장소입니다.

저지 다리를 지난 후, 우리는 스파이밸리 숲(삼림지대)을 통과할 것입니다. 숲의 이름 뒤에 숨겨진 재미있는 이야기가 있는데 그 지역을 지날 때 설명해드리겠습니다. 숲에서 짧은 산책을 위해 정차할 것입니다. 숲을 걸을 때 서더랜드 폭포로 가보시길 추천합니다. 이 폭포는 장엄해서 가 볼 만한 가치가 있습니다. 숲에 도착하면, 숲을 들어서서 왼쪽으로 돌고, 쓰러진 통나무에 이르러서 오른쪽으로 도십시오. 그 길을 따라 계속 가다가 조그만 나무들을 지나면 바로 그곳이 폭포입니다. 여행길에 반드시 사진기를 챙겨가십시오.

숲 산책이 끝나면 마셀 포인트로 향할 것입니다. 그곳의 경치 또한 장관입니다. 포인트에서 어느 정도 떨어진 곳에 주차를 해야 하니, 정상까지 짧은 거리를 걸어갈 준비를 하십시오. 이곳이 화장실 가기에 좋은 곳으로, 버스에서 내리면 공공 화장실이 카페 바로 뒤 그리고 가게 건너편에 바로 있습니다.

포인트에 도착하면 등대지기에게 인사를 하고 싶을지도 모릅니다. 그의 이름은 테리인데, 이 지역의 유명한 상징입니다. 커다란 비옷을 입고, 풍성한 턱수염이 있는 남자를 찾아 보세요. 테리는 비가 오든지 오지 않든지 상관없이 비옷을 입고 있는데, 약간 괴짜입니다. 하지만 그는 멈춰서 관광객들과 이야기를 하는 것을 좋아하고 그 지역에서 50년 이상 살았기 때문에 그 지역에 대해 많은 이야기를 들려줄 것입니다.

After the visit to the point we will be stopping for lunch. For those of you who have ordered the barbecue lunch please make your way to the counter and speak to Rosie. You can always spot Rosie as she is always wearing her favourite sunglasses. Just tell her how you like your steak cooked and she will
<u>Q16</u>
have it ready for you straight away. Once you have finished lunch, you can take some time to check out some of the beachside attractions. Top of that list should be Mo's Aquarium. Mo has caught plenty of fish over the years and not all of them have gone onto people's dinner plates. To get to the aquarium walk along the road from the bus stop and take the third road on the right. The aquarium is the third building on the left hand side of the road. Up until recently Mo had three sharks in his tanks but sadly one passed away last week.
<u>Q17</u>

After lunch we will take a trip to the sand dunes. There will be a quick stop here to do some sand surfing. Please ensure you do not wander too far away from the bus. Last week a young boy got lost after trying to walk back to the toilets. It took about an hour to find him so please stay around the
<u>Q18</u>
bus. Another reason not to stray too far is that there is an area of quicksand. Please do not walk past the signs as this area can be dangerous underfoot. The signs are found at the mouth of the stream.

We will then make a quick run up Clearwater Beach. This is particularly spectacular as depending on the weather we may have the chance to run the bus through the surf. We will have an afternoon stop here at the Rocky Bluff. You can choose to climb the bluff if you would like. From the top of the bluff you can see Seagull Island off to your left, immediately to the right of Seagull Island is the only inhabited island in the gulf, Great Island. On your right there are two smaller islands, Two Sheep Island and further to the right, Shipwreck Island.
<u>Q19</u>

If you feel hungry we will be making an afternoon stop for an ice cream or toilets at the Clearwater souvenir shop. You can find the toilet facilities at the rear of the building next to the workshop. Ice creams can be bought from the Sunny Day cafe which is just a short walk away. You will find the cafe

on the opposite side of the road just next to the Post Office. If you would like to pick up some souvenirs from your visit, you can purchase arts and crafts from one of our many talented locals. If
<u>Q20</u>
you feel like a short stroll you can even visit one of our local artists. Just next door to the souvenir shop is the home of one of Clearwater Beach's most renowned artists Emma Harris. Emma enjoys having visitors in the afternoon so you are most welcome to knock on her door and pop in for a chat. Emma's dog loves to sit outside on the porch taking in the sun, he is very friendly so it is ok to
<u>Q21</u>
approach him. Emma may be sitting outside as well, she will be the one with long hair and will invariably be wearing a skirt that she has designed and made herself.

After our final stop, we will be heading back into Clearwater Beach just in time for dinner. I hope you take the chance to try one of our fabulous seafood restaurants. Anyway, I will stop talking now and get on with driving. I hope you all enjoy your day.

포인트를 방문한 후에 점심을 위해 멈출 것입니다. 바비큐 점심을 주문하신 분들은 카운터로 가서 로지에게 말씀하십시오. 그녀는 항상 그녀가 좋아하는 선글라스를 끼고 있기 때문에 당신은 로지를 쉽게 알아볼 수 있습니다. 그녀에게 스테이크를 어느 정도 익힐지 말해 주기만 하면, 바로 준비해 줄 것입니다. 점심을 마친 후에 당신은 해변가 명소들을 구경할 시간을 가질 수 있습니다. 그 중에 제일은 모의 수족관입니다. 모는 여러 해에 걸쳐 많은 고기를 잡았는데, 그것들 모두가 사람들의 저녁상에 올라가지는 않았습니다. 수족관에 가려면 버스 정류장에서부터 길을 따라가다가 오른쪽 세 번째 길로 가세요. 수족관은 길의 왼쪽 편 세 번째 건물입니다. 최근까지 수조에 세 마리 상어가 있었는데, 안타깝게도 지난 주에 한 마리가 죽었습니다.

점심 후 저희는 모래언덕으로 갈 것입니다. 그 곳에서 모래 서핑을 하기 위해 잠깐 멈출 것입니다. 버스에서 너무 멀리 가지 않도록 하시기 바랍니다. 지난 주 어린 남자아이가 지나쳐 온 화장실로 돌아가는 길에 길을 잃어버렸습니다. 그 아이를 찾는데 한 시간 정도 걸렸습니다. 그러니 버스 주변에 머무세요. 멀리 가지말아야 할 다른 이유는 유사(流砂)가 있습니다. 이 지역은 위험하므로 도로표지를 지나가지 마세요. 도로표지는 개울 입구에 있습니다.

그리고 나서 저희는 클리어워터 비치를 잠깐 달릴 것입니다. 물살을 가르며 버스를 질주할 기회를 갖게 되는 것은 날씨에 달려있지만 이것은 특히 장관입니다. 저희는 로키 절벽에서 오후 휴식을 갖게 됩니다. 원하신다면 절벽을 등반할 수 있습니다. 절벽 꼭대기에서 왼쪽에 갈매기 섬을 볼 수 있고, 갈매기 섬 바로 오른쪽에 이 만에 위치한 유일한 거주민이 있는 섬인 그레이트 섬이 있습니다. 오른쪽에는 더 작은 두 개의 섬, 투 쉽 아일랜드와 더 오른쪽에 위치한 쉽렉 아일랜드가 있습니다.

배가 고플 경우 저희는 오후에 아이스 크림에 잠깐 들리거나 클리어워터 기념품 가게에 있는 화장실을 사용하기 위해 멈출 예정입니다. 당신은 작업실 옆 건물 뒤에 있는 화장실을 찾을 수 있을 것입니다. 아이스크림은 조금 걸어가서 서니데이 카페에서 사시면 됩니다. 카페는 길 맞은 편 우체국 바로 옆에 있습니다. 여행 중에 기념품을 사고자 하시면 재능 있는 지역 사람들이 만든 미술품과 공예품들을 구입하실 수 있습니다. 만일 당신이 조금 걷는다면 지역 예술가를 방문할 수도 있습니다. 기념품 가게 바로 옆에 클리어워터 비치에서 가장 유명한 예술가인 에마 해리스의 집이 있습니다. 에마는 오후에는 방문객을 맞이하는 것을 즐기므로, 이야기하러 문을 두드리고 들어가도 좋습니다. 에마의 강아지도 현관 밖에 앉아서 햇볕을 쬐는 것을 좋아합니다. 강아지가 매우 온순하므로 다가가도 괜찮습니다. 에마도 밖에 앉아있을 텐데, 긴 머리로 항상 그녀가 직접 디자인 해서 만든 치마를 입고 있습니다.

마지막으로 휴식을 취한 후 저희는 저녁시간에 딱 맞도록 클리어워터 비치로 돌아올 것입니다. 멋진 해산물 레스토랑에서 식사하는 기회를 갖기를 바랍니다. 여하튼, 여기서 말씀을 마치고 차에 오르시지요. 여러분 모두 오늘 하루를 즐기시기 바랍니다.

Questions 12~15

Choose the correct letter A~D. 정확한 답을 A~D에서 선택하시오.

12. Identify where the fishermen are.

낚시꾼이 있는 곳을 고르시오.

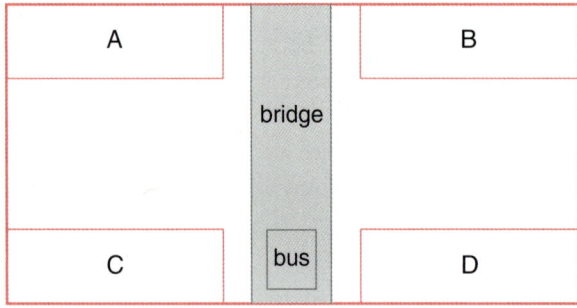

정답 | A

13. Where is the waterfall?

폭포는 어디에 있습니까?

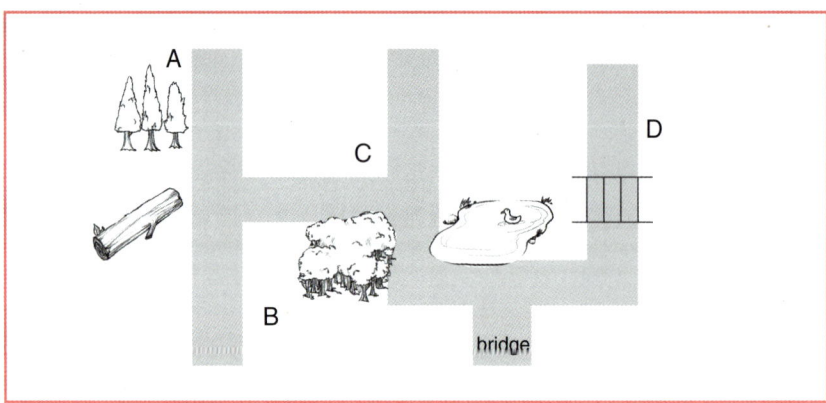

정답 | A

14. Where are the public toilets?

공공 화장실은 어디에 있습니까?

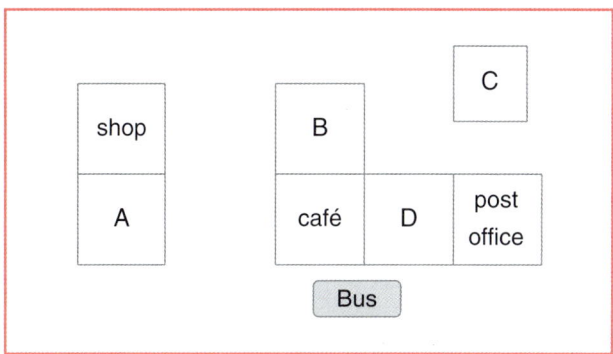

정답 | B

15. Which of these men is Terry?

어느 사람이 테리입니까?

| A | B | C | D |

정답 | A

Questions 16~21
Answer using NO MORE THAN THREE WORDS for each answer.
3단어 이내로 답을 쓰시오.

16. Rosie is easy to find because she is <u>wearing sunglasses</u>.
로지를 쉽게 찾을 수 있는 이유는 그녀가 <u>선글라스를 끼고 있기</u> 때문입니다.

17. What happened to one of Mo's sharks last week?
모의 상어 한 마리에 지난 주 무슨 일이 있었습니까?
정답 | It passed away or it died.
죽었습니다.

18. Where was the young boy walking when he got lost in the sand dunes?
모래 언덕에서 길을 잃었을 때, 어린 남자 아이가 어디로 가고 있었습니까?
정답 | To the toilets
화장실로

19. When you look out from the bluff, which island is the furthest to the right?
절벽에서 바라 볼 때, 어느 섬이 가장 오른쪽 멀리에 위치합니까?
정답 | Shipwreck Island
쉽렉 아일랜드

20. What can you purchase at the souvenir shop?
기념품 가게에서 무엇을 살 수 있습니까?
정답 | Arts and crafts
미술품과 공예품

21. Where may Emma Harris' dog be sitting?
에마 해리스의 강아지는 어디에 앉아있습니까?
정답 | On the porch
현관에

SECTION 3　Questions 22~31

script

Kim: Hi guys, now I've looked at this group assignment and it looks a bit hard. How would you like to make a start?

Mark: Well, I suggest making a plan of the work that needs to be done and splitting the jobs up as fairly as possible so everybody does their bit.

Kim: That sounds like a good idea. OK, let's see what we need to look up. We need to create a case to support the landowner in his bid to stop the council from taking some of his land. Perhaps we should start with the case notes. Who would like to read those and summarise?

Ben: I've lost mine so I can't do that one.

Kim: OK, I'd better assign the jobs I think. Mark you can read the case up. What next?
<u>Q22</u>

Ben: Well, we should go to the Law Library and look through previous cases that apply to this. Kim, you can do that one.
Q23 or Q24

Kim: Yes, that's no problem and Ben, you can help me.

Ben: OK.
Q23 or Q24

Sarah: I think that is a big job, perhaps Mark or I can help out?

Kim: No, I think we should be fine.

Sarah: What should we do then?

Kim: Well, Sarah, you can ask everybody about the cases they have found and then sort them into victories for the landowner and victories for the council.
Q25

Sarah: Ok that sounds fine.

Mark: After we've got the cases, someone should look up the relevant laws as well.

Kim: Yes that's a good point. I think Sarah can do that while we are looking into the cases.
Q26

Mark: It's too much for Sarah to do by herself. Perhaps Ben can help her?

Ben: Can someone else help her? I have to work tomorrow so I'll be too busy to do that. How about you Kim?

Kim: No I can't help either, but we'll need to find something else for Ben to do.

Mark: Ben can organize the stationery that we are going to use and perhaps you can buy Sarah some
Q27
lunch for doing all your work.

Ben: OK. That sounds fair.

킴 : 안녕 얘들아, 내가 이 그룹과제를 보았는데, 좀 어려워 보여. 어떻게 시작하면 좋을까?

마크 : 음, 해야 할 작업에 대한 계획을 짜고 공정하게 분량을 나누는 것을 제안해, 모두가 자기 몫을 가지도록.

킴 : 좋은 생각이야. 우리가 찾아야 할 것이 무엇인지 보자. 입찰에서 시의회가 그의 땅 일부를 취하지 못하도록, 땅 주인을 지원할 정당한 근거를 만들어야 해. 아마도 소송 판례집을 가지고 시작해야 할 것 같아. 누가 그것을 읽고 요약을 할거야?

벤 : 내 것을 잃어버려서 나는 할 수 없어.

킴 : 알았어. 내가 정하는 게 낫겠어. 마크, 네가 그 판례를 읽어 둬. 다음은 무엇을 해야 할까?

벤 : 음, 우리는 법률 도서관에 가서 이 사건에 적용할 이전 소송을 살펴보도록 하자. 킴이 이 일을 할 수 있겠지.

킴 : 응, 문제 없어. 그리고 벤, 나를 도와 줄 수 있지.

벤 : 알았어.

사라 : 그 일은 방대한 작업 같다, 마크나 내가 도와 줄까?

킴 : 아니야. 우리가 할 수 있어.

사라 : 그 다음엔 무엇을 해야 하지?

킴 : 음, 사라가 모두에게 찾아 낸 소송에 대하여 물어 본 뒤 그것들을 땅 주인이 승소한 경우와 시의회가 승소한 경우로 나누도록 해.

사라 : 알았어. 그렇게 하지.

마크 : 우리가 사건을 모은 다음, 누군가가 관련 법 조항도 살펴야 해.

킴 : 그래. 좋은 지적이다. 우리가 사건을 조사할 동안 사라가 그것을 할 수 있다고 생각을 하는데.

마크 : 사라 혼자서 하기에는 너무 벅찰 텐데. 아마도 벤이 그녀를 도울 수 있지?

벤 : 다른 사람이 도우면 안될까? 나는 내일 일을 해야 해서 그것을 하기에 너무 바쁠 것 같은데. 킴, 너는 어때?

킴 : 안돼. 나도 도울 수 없어. 하지만 우리는 벤이 할 만한 다른 일을 찾아봐야겠네.

마크 : 벤은 우리가 사용할 문구들을 준비하고 아마도 네 일을 모두 하는 사라에게 점심을 사야겠지.

벤 : 알았어. 그렇게 하는 것이 공정할 것 같다.

Sarah: All right guys, let's see what we have found. Mark did you find any useful cases?

Mark: Well, I found one that might be useful. It is the Crown vs Young Consulting Ltd.

Sarah: OK what were the facts of the case?

Mark: The case is a bit old, it took place in 1942. The Crown wanted to use the Property Act to
   Q28
   acquire buildings from Young Consulting.

Sarah: What was the outcome?

Mark: The judge ruled in favour of the Crown though in his summary he said that the war effort relied heavily on his decision.

Sarah: Yes, so I don't think the ruling will be relevant in our case as we aren't at war so the council doesn't have that excuse this time. How about you Ben? Did you find any cases?

Ben: Well, I found this one here. It is the Council vs Miller.

Sarah: Do you think it is useful for us?
   Q29

Ben: Well, I think so but it was interesting that the council used the Roads Act to prosecute not the
   Q29
   Property Act. The case took place over several months in 1981 and it took the judge a long time to come to a decision.

Sarah: What did he find?

Ben: Well, the judge found in favour of the Miller family and apparently it held up construction of the motorway for a couple of years until the council came up with a high offer to buy the Miller family house.

Sarah: That's interesting; do you believe the case is relevant to our assignment?
   Q29

Ben: Yes, it has definite similarities. The council is trying to force somebody to sell their land for a
   Q29
   government project and that person feels they have no right to take it.

Sarah: Very good, what about you Kim?

Kim: I have a more recent case here that I think is very helpful. It is the Council vs Rosewood Pony Club.

Sarah: I think I remember that one. When was that again?

Kim: According to the court documents it took place in 2005.

Q30

Sarah: Yes, I didn't think it was that long ago. What were the findings in that case?

Kim: Well the Council tried to prosecute under the Property Act. They wanted to build a new high school in the area and thought that the pony club land was the most suitable. They claimed that because they had given the land to the pony Club in the first place that they had a right to take it back from the club. The council laid out the history of the area and recent developments which have changed the makeup of the area.

Mark: Yes I always thought it was quite funny when they had the pony club fields in the middle of a city.

Sarah: Well, I guess that since they are now building the school, that the council was victorious.

Kim: Yes the judged ruled in the council's favour but forced them to recompense the pony club

Q31

with some council land outside the city limits.

Sarah: How does it work with our case?

Kim: Like Ben's I think this is very relevant. If the council finds our landowner some similar council land that could be swapped then this could be a precedent.

Sarah: Good work guys. OK, let's start building our case

사라 : 좋아. 애들아, 찾은 것을 살펴 보자. 마크, 유용한 사건을 찾았니?

마크 : 음, 유용할 것 같은 하나를 찾았어. 영국 정부와 영 컨설팅 회사 간의 소송이야.

사라 : 좋아, 어떤 소송이었어?

마크 : 좀 오래된 소송인데, 1942년에 일어났어. 영국 정부가 재산법을 이용하여 영 컨설팅 회사로부터 건물을 취득하려고 했지.

사라 : 결과가 어떻게 됐어?

마크 : 판사가 판결문에서, 전쟁 보급품 때문에 판결을 내리는데 큰 부담이 된다고 말하면서도, 영국 정부에 유리한 판결을 내렸어.

사라 : 응, 전쟁 중이 아니기 때문에 그 판결은 우리 사건과 관련이 없을 것 같아, 시의회도 이번엔 그런 핑계를 댈 수 없고. 벤, 너는 어때? 다른 판례를 찾았어?

벤 : 음, 여기 한 가지를 찾았어. 정부와 밀러씨의 판례야.

사라 : 그것이 우리에게 유용하다고 생각하니?

벤 : 음, 내가 생각하기에 그런데 흥미 있는 것은 시의회가 재산법이 아닌 도로 교통법을 이용하여 기소하였다는 점이야. 그 소송은 1981년 몇달간 걸렸고 판결이 나는데도 오래 걸렸어.

사라 : 그는 어떤 판결을 받았어?

벤 : 음, 판사는 밀러 가족 편을 들었고, 명백하게도 시의회가 밀러의 집을 구매하기 위해 높은 가격을 제시할 때까지 고속도로 건설이 2년 동안 지연되었어.

사라 : 흥미롭군. 너는 우리의 과제와 관련된 사례라고 생각하니?

벤 : 응, 확실하게 유사한 점을 갖고 있어. 정부가 정부 사업을 위해 사유지를 강제적으로 팔도록 종용하고 개인은 그들이 그것을 받아들여야 할 권리가 없다고 느낀 점이야.

사라 : 매우 좋은 지적이야. 킴 너는 어때?

킴 : 나는 더 최근의 사례를 가지고 있는데 매우 도움이 된다고 생각해. 정부와 로즈우드 승마클럽 사이의 판례인데.

사라 : 아 나도 그 사건을 기억하는데. 언제 다시 일어난 일이지?

킴 : 법원 문서에 의하면 2005년도에 일어났어.

사라 : 응, 그렇게 오래 되지 않은 것으로 기억하는데. 그 사례의 판결은 뭐였지?

킴 : 음, 정부는 재산법에 근거하여 기소하려고 했었어. 그들은 그 지역에 새로운 학교를 건설하기를 원했고 승마 클럽 부지가 가장 적합하다고 생각을 했지. 그들은 처음에 정부가 승마 클럽에게 대지를 건네 주었기 때문에 클럽으로 부터 다시 되돌려 받을 권리가 있다고 주장했어. 정부는 그 지역의 역사와, 그 지역의 면모를 변화시킨 최근 개발 계획을 제시했지.

마크 : 응 나는 항상 도시 한복판에 승마장이 있다는 것이 매우 이상하다고 생각했었어.

사라 : 음, 내가 생각하기에 정부가 현재 학교를 건설 중이므로 정부가 승소했겠네.

킴 : 응 정부에 유리하도록 판결이 내려졌지만 정부가 승마 클럽 측에 도심경계 밖에 있는 일부 정부 토지로 보상하도 록 했지.

사라 : 그것이 우리의 사례에 어떻게 영향을 미치지?

킴 : 벤이 조사한 사례처럼 나는 이것이 매우 관련성이 있다고 생각해. 만일 정부가 대지 소유자에게 교환할 수 있는 유사한 정부 토지를 찾아준다면 이것이 선례가 될 거야.

사라 : 너희들 수고했다. 좋아. 우리의 사례를 시작하자.

Questions 22~27

Who has been assigned to each task? Fill in the table below.

누가 아래 임무를 할당 받았습니까? 아래 도표를 완성하시오.

Write: B = Ben
         K = Kim
         S= Sarah
         M= Mark

Job	Person	
Reading the case notes	22. M	
Going to the Law Library	23. K or B	24. B or K
Sorting the cases	25. S	
Reading the laws	26. S	
Organising the stationery	27. B	

업무	사람	
소송 판례집 읽기	22. M	
법률 도서실 가기	23. K or B	24. B or K
사례 구분하기	25. S	
법률 읽기	26. S	
문구 준비하기	27. B	

Questions 28~31

Complete the table below. 아래 도표를 완성하시오.

CASE	Year	Case winner	Relevant Y/N
Crown vs Young Consulting	28. 1942	The Crown	N
Council vs Miller	1981	The Miller Family	29. Y
Council vs Rosewood Pony Club	30. 2005	31. The Council	Y

사례	연도	승소자	관련여부
영국 정부 대 영 컨설팅	28. 1942	영국 정부	없음
정부 대 밀러	1981	밀러 가족	29. 있음
정부 대 로즈우드 승마클럽	30. 2005	31. 정부	있음

SECTION 4 *Questions 32~41*

Professor:

Good morning everybody, today we have a special guest for you. If you'd all like to welcome Dr Woolma Palmer to the class please. She is an internationally renowned expert on the planets. Thank you, Dr Palmer.

Dr. Palmer:

Thank you; I've been invited here today to give you some background information on the planet Pluto which I understand you will be studying later this week. We all know Pluto well from our childhood, as it was the 9th and smallest planet in all of our science textbooks. However, if you have

Q32

been watching the news, you may realize that Pluto has now lost its status as a planet and that

Q33

children of the future will go back to learning about 8 planets not nine. The decision to downgrade Pluto has been one which has caused considerable debate within the scientific community. While

Q34

most of the evidence in the debate pointed towards excluding Pluto as a planet, as the overwhelming proportion of the population has grown up thinking of Pluto as the ninth planet, there were also calls

Q35

to retain it for sentimental reasons. Some people believe that some of the sentiment arose because of the fact that Pluto was the only planet to have been discovered by an American.

Q36

Firstly, I will identify Pluto here on the map. Pluto is believed to be the largest object within a collection of objects known as the Kuiper Belt. This belt is usually out here past Neptune. I say usually because Pluto has a rather odd orbit which occasionally brings it closer to the sun than

Q37, 38

Neptune. Pluto also has three moons, the largest of which is called Charon. In the future, however, Charon may be viewed as a twin rather than a satellite of Pluto.

Pluto was first discovered in 1930 and, as mentioned, upon its discovery was hailed as the 9th planet. An astronomer named Clyde Tombaugh is credited with the discovery of Pluto. He discovered the planet by comparing photographs of the night sky taken two weeks apart and looking for moving objects. After observing a possible moving object, Mr. Tombaugh sought two further photos. Again

Q39

seeing the object had moved, he confirmed the discovery on March 13th, 1930. As is tradition, the observatory that he worked for was given the right to name the new planet. After rejecting the initial idea of Zeus, three names were considered for the planet, Minerva, Cronus and Pluto. Pluto was chosen as it was felt that the name was the most appropriate (Pluto being one of the names for the Greek god of the underworld, fitting the inhospitable place that Pluto was believed to be).

There are many things about Pluto still to be discovered largely due to its remoteness. One thing that we can tell from using spectroscopic analysis is that it is largely made of ice (perhaps up to 30~40%).

Much of this ice is methane ice which explains the brightness of Pluto. Initially people believed, due to its brightness and its perceived effect on the orbit of Neptune, that Pluto was roughly the same size as Earth and Mars. However on discovery of its composition, Pluto has now been reckoned to be perhaps as little as 1% of the size of the earth. A study has estimated Pluto's diameter as 2390km which makes it smaller than all the other planets and even smaller than our moon.

Q40

Man has yet to send a spacecraft close to Pluto to fully explore its surface. Neither of the Voyager Missions was on a trajectory to get close enough to look around the planet and the earlier Pioneer Missions ceased transmission long before they reached Pluto. Thus, after much political wrangling, a spacecraft dedicated to exploring Pluto and the surrounding objects was launched in 2006. This spacecraft is known as the New Horizon and it is expected to be close enough for a fly-by of Pluto on

Q41

the 14th of July 2015. The craft contains some of the ashes of Pluto's discoverer, Clyde Tombaugh, who died in 1997.

I hope that my brief introduction to Pluto has piqued your interest. This evening we will attempt to locate it in the night sky. Thanks for listening.

교수:

안녕하십니까 여러분, 오늘은 여러분을 위해 특별 손님을 초빙했습니다. 우리 모두 수업에 참여해 주신 우머 파머 박사님을 환영해 주시기 바랍니다. 이 분은 국제적으로 저명한 천체 전문가입니다. 감사합니다. 파머 박사님.

파머 박사:

감사합니다. 오늘 여러분께 이번 주 후반에 공부할 명왕성에 관한 기초지식을 드리기 위해 이곳에 왔습니다. 우리는 어릴 적부터 모든 과학 교과서를 통해 명왕성이 아홉 번째 행성으로 가장 작은 행성이라고 잘 알고 있습니다. 하지만, 뉴스를 보았다면, 명왕성이 행성으로서의 지위를 잃었고 미래의 어린이들은 아홉이 아닌 8행성에 대한 학습으로 되돌아갈 것이라는 것을 알았을 것입니다. 명왕성을 행성에서 제외시킨다는 결정은 과학계에 뜨거운 논란을 야기시켜왔습니다. 논쟁에서 제시된 대부분의 증거들이 명왕성을 행성에서 제외시켜야 한다고 지적했지만, 압도적인 수의 사람들이 명왕성을 9번째 행성으로 생각하며 자라왔기 때문에, 정서적 이유로 명왕성을 행성으로 유지시켜야 한다는 요구도 있었습니다. 일부 사람들은 명왕성이 미국사람에 의해 발견된 유일한 행성이라는 사실 때문에 감정적인 부분이 있었다고 믿고 있습니다.

먼저, 여기 지도에서 명왕성을 확인하겠습니다. 명왕성은 카이퍼 벨트로 알려진 물질의 집합체 안에 있는 가장 커다란 물체로 알려져 있습니다. 이 벨트는 대개 여기 해왕성 바깥쪽에 있습니다. 제가 대개라고 말한 것은, 때때로 명왕성이 해왕성 보다 태양에 더 가까워지는 다소 이상한 궤도를 가졌기 때문입니다. 명왕성은 또한 3개의 위성을 가지고 있는데, 그 중 가장 큰 위성은 샤론이라고 불립니다. 하지만, 미래에는 샤론이 명왕성의 위성 이라기 보다는 명왕성의 쌍둥이 행성으로 여겨질 수도 있습니다.

명왕성은 1930년에 최초로 발견되었고, 언급한 대로, 그것의 발견으로 9번째 행성으로 각광을 받았습니다. 클라이드 톰바우라는 천문학자가 명왕성을 발견했습니다. 그는 이 주 간격으로 찍은 밤하늘의 사진을 비교하여 움직이는 물체를 찾는 방법으로 명왕성을 발견했습니다. 움직이는 행성일 가능성이 있는 물체를 본 뒤, 톰바우는 2장의 후속 사진을 연구했습니다. 그 물체가 움직였다는 것을 다시 확인한 뒤, 그는 1930년 3월 13일 그 발견을 확정 지었습니다. 전통에 따라, 그가 일하는 관측소에 새로운 행성의 이름을 짓는 권리가 주어졌습니다. 처음 생각했던 제우스가 기각이 된 이후 그 별에 대해 미네르바, 크로노스, 플루토 (명왕성)의 3가지 이름이 고려되었습니다. 플루토가 가장 적당한 이름으로 생각이 되어서 채택되었습니다. (플루토는 지하를 다스리는 그리스 신의 이름들 중 하나로, 명왕성이 있는 그 황량한 장소에 어울리는 이름입니다.)

명왕성에 관하여 멀리 떨어진 이유로 아직도 밝혀져야 할 것들이 많이 남아 있습니다. 분광분석을 이용하여 알아 낼 수 있는 것 중의 하나는 그것이 주로 얼음으로 이루어 졌다는 사실입니다(아마도 30-40%에 달합니다). 이 얼음의 많은 부분은 명왕성의 밝기를 설명해 주는 메탄 얼음입니다. 처음에 사람들은 그 행성의 밝기와 해왕성의 궤도에 미치는 확연한 영향 때문에, 명왕성이 대략 지구와 화성과 같은 크기라고 믿었습니다. 하지만 행성의 구성물질이 밝혀짐에 따라, 이제 명왕성은 대략 지구 크기의 1% 정도인 작은 행성이라고 여겨집니다. 연구에 의하면 명왕성의 직경은 2390Km로, 다른 모든 행성보다 작고, 달보다도 훨씬 더 작습니다.

인류는 아직 그 표면을 완벽하게 탐험할 만큼 명왕성 가까이에 우주선을 보내지 못했습니다. 보이저 탐사선이 명왕성을 관찰하기에 충분히 가까운 궤도에 진입하지 못했고, 이전의 파이오니아 탐사선도 명왕성에 닿기 훨씬 전에 송신을 멈추었습니다. 그래서 많은 정치적인 논쟁 후, 명왕성과 그 주변 물체들을 탐사할 목적으로 2006년에 우주선이 발사되었습니다. 이 우주선은 뉴 허라이즌으로, 2015년 7월 14일에 명왕성에 접근 비행을 할 정도로 충분히 근접하리라 예상되고 있습니다. 우주선에는 1997년에 죽은 명왕성의 발견자 클라이드 톰바우어의 유골이 실려있습니다.

명왕성에 관한 간단한 소개가 흥미가 있었기를 바랍니다. 오늘 저녁 우리는 밤 하늘에서 명왕성의 위치를 찾아 볼 것입니다. 경청해 주셔서 감사합니다.

Questions 32~36

Fill in the blank spaces using NO MORE THAN THREE WORDS.

세 단어 이내의 단어로 빈 칸을 채우시오.

When the students were children, Pluto was considered as the **32. ninth** and smallest planet. However recently Pluto has **33. lost its status** as a planet so children will no longer learn about it. The decision to downgrade Pluto's status has caused **34. (considerable) debate** within the scientific community. Most evidence pointed to Pluto being excluded but a large proportion **35. of the population** favoured retaining it for sentimental reasons. Some believe that many felt sentimental because it was the only planet **36. discovered by an** American.

이 학생들이 어렸을 적에, 명왕성은 **32. 아홉 번째**의 가장 작은 행성으로 생각되었습니다. 하지만 최근에 명왕성은 행성으로서의 **33. 그의 지위를 상실**했고 아이들은 더 이상 그 것에 대해 배우지 않을 것입니다. 명왕성의 입지 몰락의 결정은 과학계에 **34. (뜨거운) 논란**을 야기시켰습니다. 대부분 증거는 명왕성을 행성에서 제외시켜야 한다고 지적했지만 **35. 인구의** 대다수가 정서적인 이유로 그것을 유지시키기를 바랐습니다. 일부 사람들은 그것이 미국사람에 **36. 의해 발견된** 유일한 별자리이기 때문에 많은 사람들이 감정적으로 느꼈다고 믿고 있습니다.

Questions 37~41

Choose the correct answer A~E.
정확한 답을 A~E에서 선택하시오.

37. Which of the following statements is true?

A. Pluto orbits closer to the sun than Neptune most of the time.
B. Pluto orbits closer to the sun than Neptune some of the time.
C. Pluto always orbits closer to the sun than Neptune.
D. Pluto never orbits closer to the sun than Neptune.
E. Pluto orbits closer to the sun than Neptune about half of the time.

다음 진술 중 참인 것은 어느 것입니까?
A. 명왕성은 대개 해왕성보다 태양에 더 가깝게 돈다.
B. 명왕성은 때때로 해왕성보다 태양에 더 가깝게 돈다.
C. 명왕성은 항상 해왕성보다 태양에 더 가깝게 돈다.
D. 명왕성은 결코 해왕성보다 태양에 가깝게 돌지 않는다.
E. 명왕성은 절반을 해왕성보다 태양에 가깝게 돈다.

정답 | B

38. Which statement, according to the speech, is definitely true about Pluto's moon, Charon?

A. It is now considered a twin of Pluto.
B. It is going to be viewed as a twin of Pluto in the future.
C. Its status is being reviewed.
D. It is now considered a planet in its own right.
E. It is still considered as Pluto's moon.

강연에 의하면 명왕성의 달인 샤론에 관하여 참인 문장은 어느 것입니까?
A. 그것은 현재 명왕성의 쌍둥이 행성으로 여겨진다.
B. 그것은 미래에 명왕성의 쌍둥이 행성으로 여겨질 것이다.
C. 그것의 지위는 재고될 것이다.
D. 그것은 현재 그 자체로서 행성으로 간주되고 있다.
E. 그것은 여전히 명왕성의 달로 여겨지고 있다.

정답 | E

39. How many additional photographs did Clyde Tombaugh need to confirm his initial observation?

A. None
B. One
C. Two
D. Three
E. Four

클라이드 톰바우어는 자신의 최초 관측을 확인하기 위해 몇 장의 추가 사진이 필요했습니까?

A. 필요 없었음
B. 1장
C. 2장
D. 3장
E. 4장

정답 | C

40. Which of the following objects is the smallest?

A. Pluto
B. Earth
C. Mars
D. The Moon
E. Neptune

다음 어느 것이 가장 작은 물체입니까?

A. 명왕성
B. 지구
C. 화성
D. 달
E. 해왕성

정답 | A

41. When is the New Horizon spacecraft expected to reach Pluto?

A. July 15, 2015
B. July 14, 2014
C. June 15, 2014
D. July 14, 2015
E. June 14, 2015

언제 뉴 허라이즌 우주선이 명왕성에 도착하리라 예측되고 있습니까?

A. 2015년 7월 15일
B. 2014년 7월 14일
C. 2014년 6월 15일
D. 2015년 7월 14일
E. 2015년 6월 14일

정답 | D

IELTS PRACTICE TEST 03

1	SS	22	7:13am
2	GB	23	Physics
3	C	24	a science laboratory
4	GB	25	speaking
5	SS	26	Wednesday
6	FF	27	3:35pm
7	17 March 1973 OR 17/3/1973	28	3:45pm
8	86.5 kilograms OR 86.5kg	29	12:10pm
9	76	30	Friday
10	91	31	7:30pm
11	6438	32	freezing and thawing
12	C AND D	33	firn
13	A AND E	34	glacial ice
14	knife	35	(Continued) snowfall
15	cubes	36	A
16	535	37	C
17	1/4	38	D
18	2/5	39	C
19	250	40	D
20	21	41	D
21	A		

🎧 script ──

Joshua: Hi There, How may I help?

Sam: Hi, my name is Sam and I'm interested in the membership options.

Joshua: Yes sure. What are your goals for joining the gym?

Sam: Well, mainly I'd like to get into shape and perhaps lose this tummy.

Joshua: Well, we have a range of programmes that might do the trick. My recommendation is the Summer Slam course, but I'll also tell you about the Gut Buster, the Family Fit and the Conditioner.

Sam: What's the difference?

Joshua: Well there are several differences. Primarily, the difference is in the machines used and the intensity of the exercise.

Sam: OK, thanks. Where shall we start?

Joshua: Well, I'll show you around the facility first up. Over here we have the weights machines. You can use these for building strength in your shoulders and your abdominal muscles. They are an integral part of the Summer Slam programme.
<u>Q1 or Q2</u>

Sam: How about for the other programmes?

Joshua: We don't recommend that children or teenagers use the weights machine so they are not part of the Family Fit. However building up abdominal strength is essential for losing weight around your stomach so we do include a limited amount of weight work for the Gut Buster programme. <u>Q1 or Q2</u>

Sam: I really like using exercise bikes, are they part of the Summer Slam programme.

Joshua: No they aren't. The bikes are mainly to build your fitness whereas people doing the Summer Slam want to build muscle.

Sam: So I could use the bikes on the Conditioner? <u>Q3</u>

Joshua: Yes that programme uses the exercise bikes. <u>Q3</u>

Sam: How about this machine?

Joshua: This is a cross trainer.

Sam: What is it used for?

Joshua: The cross trainer works out your whole body, so it is used extensively in the Gut Buster programme. <u>Q4</u>

Sam: Oh interesting, what about the Rowing machines.

Joshua: Rowing machines are an important part of the Summer Slam as they are very good for <u>Q5</u> building strength in the shoulders and back. Again we don't recommend that children use this machine as it is too difficult for them so we leave this out of the Family Fit programme.

Sam: How about these balls, do I just bounce them around?

Joshua: No, those are Swiss balls and they help you stretch you muscles.

Sam: How do they fit into the programme?

Joshua: Well, they are good for new mothers so we include them in the Family Fit programme. They
<u>Q6</u>
mainly work on your flexibility so we don't include them in the other programmes which are
concentrating on weight loss or building muscle.

Sam: I haven't quite decided yet. Are there any options for me if I want to work out at home?

Joshua: Yes there are. You can choose to hire a machine if you like.

Sam: Well I might try one of the programmes first but I'm not sure which one.

Joshua: If you are unsure I can get one of our personal trainers to check out your current fitness level.

Sam: That sounds great.

조슈아 : 안녕하세요, 도와 드릴까요?

샘 : 안녕하세요. 저의 이름은 샘이고 회원권에 관심이 있습니다.

조슈아 : 네, 그렇군요. 체육관에 가입하려는 목적이 무엇입니까?

샘 : 음, 주로 몸을 만들고 싶고 뱃살도 뺐으면 합니다.

조슈아 : 음, 그렇게 할 수 있는 프로그램이 있습니다. 서머 슬램 코스를 추천하겠습니다. 또 것 버스터와 패밀리 핏 그리
고 컨디셔너에 대해 말씀 드리겠습니다.

샘 : 무엇이 다른가요?

조슈아 : 음. 여러 가지 다른 점이 있습니다. 특히 다른 점은 사용되는 기계와 연습의 강도입니다.

샘 : 알았습니다. 감사합니다. 무엇부터 할까요?

조슈아 : 음, 우선 시설을 한 바퀴 둘러 보시지요. 여기 역도기계가 있습니다. 어깨와 복근을 강화시키기 위해 이것들을
사용할 수 있습니다. 그것들이 서머 슬램 프로그램의 핵심 부분입니다.

샘 : 다른 프로그램은 어떤가요?

조슈아 : 저희는 아이들이나 청소년들에게는 역도 기계 사용을 권하지 않기 때문에 패밀리 피트에는 포함되는 부분이 아
닙니다. 하지만 복부 주변의 체중을 줄이는데 복근의 강화가 필수 사항이므로 것 버스터 프로그램에 제한된 분
량의 역도운동을 포함시킵니다.

샘 : 저는 실내 운동용 자전거를 정말 좋아하는데, 그것도 서머 슬램 프로그램의 일부입니까?

조슈아 : 아니요 그렇지 않습니다. 실내 자전거는 주로 체력을 보강하기 위한 것이며, 반면에 서머 슬램을 하는 사람들은
근육을 키우고자 합니다.

샘 : 그러면 컨디셔너 프로그램은 실내 자전거를 사용하나요?

조슈아 : 예. 그 프로그램은 실내 자전거를 사용합니다.

샘 : 이 기계는 어떤 것인가요?

조슈아 : 이것은 크로스 트레이너입니다.

샘 : 무엇에 사용되는 것입니까?

조슈아 : 크로스 트레이너는 몸 전체를 단련하는 것으로 것 버스터 프로그램에 광범위하게 사용되고 있습니다.

샘 : 오. 흥미롭네요. 로잉 기계는 어떤 것인가요?

조슈아 : 로잉 기계는 어깨와 등의 근력을 강화하기에 아주 좋은 것으로 서머 슬램의 중요한 부분입니다. 이 기계 역시
아이들에게 너무 힘들어서 사용을 권하지 않고 패밀리 핏 프로그램에서 제외시킵니다.

샘 : 이런 볼들은 어떤가요, 제가 공을 튀기면 되기면 되나요?

조슈아 : 아닙니다. 저것들은 스위스 공들로 근육을 펴는데 도움이 됩니다.

샘 : 그것들이 프로그램에 어떻게 적용되나요?

조슈아 : 음, 그것들은 새로 엄마가 된 사람들에게 유용하기 때문에 패밀리 핏에 포함됩니다. 주로 유연성을 키우며 그래
서 체중 감량과 근육 증강에 초점을 두는 다른 프로그램에는 포함시키지 않습니다.

샘 : 아직도 결정 하지 못하겠네요. 제가 집에서 운동하려고 한다면 다른 선택사항들이 있나요?

조슈아 : 예 있습니다. 원하신다면 기계를 대여할 수 있습니다.

샘 : 음, 우선 프로그램 중에 하나를 해보려고 하지만 어느 것을 해야 할지 확신이 없습니다.

조슈아 : 확신이 서지 않는다면 저희 개인 트레이너가 당신의 현재 체력을 확인해 드릴 수 있습니다.
샘 : 좋은 생각입니다.

Karen: Hi Sam, my name is Karen and I'm going to be giving you a basic test today to see what fitness level you are at.

Sam: That sounds great, but I have just one question. Can I fail the test?

Karen: No there is no failure for the test. The goal here is to identify areas you need to work on to make you healthier.

Sam: Phew, I didn't like tests much at school.

Karen: OK, enough joking around. Let's fill in this form. What is your surname Sam?

Sam: Morgan.

Karen: Thanks and what day were you born?

Sam: <u>The 17th of March.</u>
Q7

Karen: In which year?

Sam: <u>1973.</u>
Q7

Karen: Next up we have to weigh you. Now can you jump on the scales?

Sam: Oh no.

Karen: Right let's see, <u>86 and a half kilos.</u> That is fairly acceptable for your height.
Q8

Sam: What's next?

Karen: Well, I need to compare your resting heart rate with your active heart rate.

Sam: How will you do that?

Karen: Well firstly if you come over here I will just wrap this around your arm. Now this machine will measure the number of times your heart beats in a minute. Let's see. At the moment <u>your heart is beating 76 times per minute.</u>
Q9

Sam: Is that high?

Karen: It is a little high but you are probably nervous so I don't think there is a problem.

Sam: OK, now how about the active rate?

Karen: Well you will need to jump on this treadmill and start jogging slowly for one minute. That should be enough time to get your blood pumping.

Sam: Let's get it over with then.

Karen: Right now just start out slowly to get your muscles warmed up and we'll start the clock now.

Sam: How am I doing?

Karen: You're doing well Sam, keep it up. Right now put your hands on those two metal pads on the handlebars.

Sam: These ones?

Karen: Yes and hold it there until the number stabilizes. Can you see your reading Sam?

Sam: Not yet. Oh hang on, yes. <u>It has stabilized at 91 beats.</u>
Q10

Karen: That's good. Now you can slow down and take a rest. I need to work out your daily intake of kilojoules.

Sam: How do you find that out?

Karen: Using this computer programme. If you enter the amount of food you eat at every meal it will calculate your daily intake of energy. Now you will need to be honest or otherwise the calculation will be wrong.

Sam: OK well I'll start with breakfast then....

Karen: Yes, just click on the items you eat on a daily basis.

Sam: Almost finished, there it's done.

Karen: How many kilojoules do you consume?

Sam: Well according to the programme I eat <u>six thousand four hundred and thirty eight kilojoules</u> per day.

Q11

Karen: Thanks Sam, that's all I need from you at the moment.

카렌 : 안녕하세요 샘, 저의 이름은 캐런입니다. 오늘, 당신의 체력을 알아보기 위해 간단한 테스트를 하려고 합니다.

샘 : 좋습니다만 한가지 질문이 있습니다. 테스트에 통과하지 못할 수도 있나요?

카렌 : 아니요. 테스트에 실패하는 것은 없습니다. 이것의 목적은 당신을 더 건강하도록 하기 위해 운동이 필요한 부분을 확인하는 것입니다.

샘 : 휴, 학창시절에도 테스트는 좋아하지 않았어요.

카렌 : 응, 농담이시죠. 이 양식을 작성합시다. 성이 어떻게 되시죠 샘?

샘 : 모건입니다.

카렌 : 감사합니다. 생일이 언제입니까?

샘 : 3월 17일입니다.

카렌 : 몇 년도입니까?

샘 : 1973년입니다.

카렌 : 다음은 체중을 재야합니다. 저울에 올라가시겠습니까?

샘 : 오. 안돼요.

카렌 : 볼까요. 86.5킬로그램입니다. 당신의 신장을 고려하면 적당한데요.

샘 : 다음 단계는 무엇이지요?

카렌 : 음, 휴식시 맥박수와 운동시 맥박수를 비교해야 합니다.

샘 : 어떻게 하나요?

카렌 : 음 우선 이쪽으로 오시면 팔뚝에 이것을 감게 됩니다. 이 기계는 일분당 심장이 뛰는 회수를 측정할 것입니다. 보세요. 당신의 심장은 현재 1분당 76회 뛰고 있습니다.

샘 : 그것이 높은 건가요?

카렌 : 약간 높은 편이지만, 당신은 아마도 염려스럽겠지요. 하지만 저는 문제가 있다고 생각하지 않습니다.

샘 : 예, 그럼 운동시 맥박수는 어떤가요?

카렌 : 음, 이 트레드밀에 올라타서 일분 동안 천천히 걷도록 하세요. 그 정도가 혈액 순환을 위한 적당한 시간입니다.

샘 : 그럼 어서 끝내도록 하지요.

카렌 : 자, 근육을 풀기 위해 천천히 시작하세요, 그러면 시간 측정을 시작합니다.

샘 : 제가 어떤가요?

카렌 : 잘 하고 계십니다. 샘, 계속하세요. 손잡이에 있는 금속 부분에 두 손을 올려 놓으세요.

샘 : 이 곳에요?

카렌 : 예. 숫자가 안정 될 때까지 잡고 계세요. 숫자를 읽을 수 있으시죠 샘?

샘 : 아직 아닙니다. 아 잠깐만요. 그래요 91에서 안정되는군요.

카렌 : 좋습니다. 이제 천천히 속도를 줄이시고 안정을 취하세요. 저는 당신의 매일 섭취량을 확인해야 합니다.

샘 : 어떻게 알아 낼 수 있나요?

카렌 : 컴퓨터 프로그램을 사용합니다. 당신이 매끼마다 드시는 음식량을 입력하시면 당신이 매일 섭취하는 열량을 계산할 것입니다. 지금은 정확하게 하셔야 합니다. 그렇지 않으면 계산이 잘못 될 것입니다.

샘 : 알았습니다. 그럼 아침 식사부터 시작하겠습니다.

카렌 : 예, 매일 기본적으로 드시는 품목을 누르시면 됩니다.

샘 : 거의 끝났습니다.

카렌 : 얼마 정도의 칼로리를 섭취합니까?

샘 : 음. 이 프로그램에 따르면 저는 매일 6,438칼로리를 하루에 섭취합니다.

카렌 : 감사합니다. 샘, 이것이 현재에 필요한 모든 것입니다.

Questions 1~6

Complete the table showing which programmes use each type of exercise equipment.

프로그램에 사용되는 운동 기구들을 보여주는 도표를 작성하시오.

Key   SS - Summer Slam
       GB - Gut Buster
       C - Conditioner
       FF - Family Fit

WEST STREET HEALTH AND FITNESS PROGRAMMES 2007

110 West Street, Leeshore   Ph 0800 83 83 83

'The Best Bodies in the West'

Equipment	Programmes using this Equipment	
Weight Machine	1. SS	2. GB
Exercise Bikes	3. C	
Cross Trainer	4. GB	
Rowing Machine	5. SS	
Swiss Balls	6. FF	

웨스트 스트리트 건강과 체력 프로그램 2007

110 웨스트 스트리트, 리쇼어 전화 0800 83 83 83
'서부 최고의 몸매'

기구	이 기구가 사용되는 프로그램	
역도 기계	1. SS	2. GB
실내 자전거	3. C	
크로스 트레이너	4. GB	
로잉 기계	5. SS	
스위스 볼	6. FF	

Questions 7~11
Complete the form below. 아래 신청서를 완성하시오.

WEST STREET HEALTH AND FITNESS PROGRAMMES 2007

110 West Street, Leeshore   Ph 0800 83 83 83

'The Best Bodies in the West'

Fitness TEST FORM

Client: Sam Morgan   Sex M / F

Date of Birth   **7. 17 March 1973 or 17/3/1973**

Height   —

Weight   **8. 86.5Kilograms OR 86.5kg**

Resting Heart Rate   **9. 76**   beats per minute

Active Heart Rate   **10. 91**   beats per minute

Daily Food Intake   **11. 6438**   kilojoules

웨스트 스트리트 건강과 체력 프로그램 2007

110 웨스트 스트리트, 리쇼어 전화 0800 83 83 83
'서부 최고의 몸매'

체력 측정표

고객 : 샘 모건   성별 : 남 / 녀

생일   **7. 17 March 1973 or 17/3/1973**

신장   —

체중   **8. 86.5Kilograms OR 86.5kg**

휴식 시 맥박수   1분당 **9. 76** 회

운동 시 맥박수   1분당 **10. 91** 회

일일 섭취량   **11. 6438** 킬로줄

script ——

Chef:

Hi everyone and welcome to today's lesson. For this session I will be demonstrating Barbecued Squid in a Thai style. This is a very popular dish at my restaurant and I'm sure you will enjoy it too. It's a little bit spicy but not too hot for those of you who do not enjoy hot food.

Now firstly we are going to prepare the squid. I have a pre-frozen squid tube here but you are able to use a fresh squid if you prefer. For this recipe we only need the squid tube and the tail so we can
<u>Q12</u>
remove the head and tentacles and use those for another dish. Most of the squid is edible; in fact, the only part that cannot be eaten is the beak. To remove the head just make a straight cut where the squid's body goes flat like this. Before I carry on I should mention that there are several ways that the squid can be purchased. Your supermarket will carry a full range including frozen whole squid, pre-sliced squid and squid rings. However if you are feeling inspired you can get either a fresh whole squid
<u>Q13</u>
or fresh squid tubes from the fish market which is on your way out. Now the next thing we need to do is to slice the tube along the side and then lay the piece out flat. You should now have a rectangular piece of squid tube in front of you. Using your knife just remove some of the membrane from the inside of the tube. This is to avoid getting any chewy bits in your squid when eating it. Now we want the squid to roll up into a cigar shape when we cook it so here is how to do that. Firstly using your knife cut several diagonal lines in the squid. Don't cut right through as we just want the squid to curl not fall apart. There, now when you have finished your diagonal lines then we do the same in the other direction in order to create a criss-cross pattern on the squid. Now that the squid is ready we can put it to one side.

The next step is creating the sauce. Firstly we need to assemble the vegetables together and cut them finely. Start with the red onion, now we don't need all of the onion so cut this in half and put the onion away for another time. Next we need to peel away the outer layer of the onion's skin, you can
<u>Q14</u>
either use your knife or use your hands, whichever you find easiest. Then place the onion on your chopping board then cut the onion into even slices. Then rotate the onion 90 degrees and cut it again. Now your onion pieces should be in small cubes. Place your onion in the bowl then move on to the cucumber. We also need to cut the cucumber into cubes so I will show you a little trick. Firstly lay the
<u>Q15</u>
cucumber on your chopping board and then cut it in half lengthways. Once you have cut it then hold the two pieces together and roll the cucumber over and cut it lengthways again so you have four pieces. Then cut the cucumber width ways until you have all of your cubes ready. We need about 535
grams of cucumber so if you need to use another cucumber please do so. The last one to cut is the
<u>Q16</u>
tomato. Now the tomato is quite an awkward shape to cut so I suggest that you first cut it in half and then lay the flat side down on your chopping board to slice it. After you have finished place your cut cucumber and tomato in the bowl and we will then move on to the wet ingredients.

요리사:

안녕하세요 여러분. 오늘 수업에 오신 것을 환영합니다. 이번 시간에는 태국식 오징어 구이를 보여드리겠습니다. 이것은 저희 레스토랑에서 매우 인기 있는 요리로 여러분도 좋아하리라 확신합니다. 매운 요리를 즐기지 않는 분들에게는 약간 맵습니다.

우선 오징어를 준비하도록 하겠습니다. 여기 냉동 오징어가 있지만 여러분께서 원하시면 날 오징어를 사용할 수도 있습니다. 이 요리에는 단지 오징어 몸통과 꼬리만 필요하므로 머리와 다리는 제거해서 다른 요리에 사용하도록 합니다. 오징어는 거의 모든 부분을 먹을 수 있습니다; 실제로, 먹지 못하는 유일한 부분은 입입니다. 머리를 제거하려면, 오징어의 몸통이 이렇게 평평해지는 곳을 반듯이 자르기만 하면 됩니다. 계속하기 전에, 오징어를 구입할 수 있는 다양한 방법이 있음을 알려드립니다. 슈퍼마켓은 냉동 오징어, 썰어진 오징어 그리고 고리모양의 오징어를 포함하여 다양한 종류가 있습니다. 하지만 당신께서 좀 더 신경을 쓰고 싶으시면, 출구에 있는 생선 시장에서 생물 오징어 한 마리 혹은 날 오징어 몸통을 살 수도 있습니다. 다음은 오징어 몸통 옆쪽을 잘라서 평평하게 펴서 올려 놓으십시오. 지금 당신 앞에 네모난 오징어가 있어야 합니다. 칼을 이용하여 몸통의 안쪽에 있는 얇은 막을 제거하십시오. 이렇게 하는 것은 음식을 먹을 때 오징어의 씹히는 부분을 없애기 위해서입니다. 이제 오징어를 요리할 때 담배 모양으로 돌돌 말리도록 하기 위해 어떻게 해야 하는지 말씀 드리겠습니다. 우선 칼을 이용하여 오징어에 대각선으로 금을 그어야 합니다. 오징어가 따로 떨어져 나가지 않고 돌돌 말리게 깊게 칼질을 하지 마십시오. 이제 대각선으로 칼집을 다 내었다면 오징어에 십자 모양이 생기도록 다른 방향으로 위와 같이 칼집을 내십시오. 오징어가 다 준비되었으니 한쪽으로 치우도록 하십시오.

다음 단계는 소스를 만들게 됩니다. 우선 야채를 함께 모아서 잘게 자릅니다. 빨간 양파부터 시작하지요, 양파 전부를 사용할 필요가 없으므로 반으로 잘라서 다음 시간을 위해 한쪽으로 치우세요. 다음은 당신이 편하신 대로 손으로 혹은 칼을 이용하여 양파의 껍질을 벗겨야 합니다. 그런 후에 도마에 올려서 고르고 잘게 썹니다. 그 다음 양파를 90도 돌려 다시 써세요. 지금 양파 조각이 작은 깍두기 모양이 되었지요. 양파를 그릇에 담고 오이를 준비하도록 합시다. 오이도 깍두기 모양으로 썰어야 하는데, 방법을 보여드리겠습니다. 우선 도마에 오이를 올려 놓은 후 길게 반으로 가르세요. 그 다음 두 조각을 함께 잡고 오이를 돌려서 다시 길게 가르면 4조각이 됩니다. 그런 후에 깍두기 모양이 되도록 가로 방향으로 자르세요. 535 그램의 오이가 필요하니, 오이가 더 필요하면 그렇게 하십시오. 마지막으로 토마토를 잘라야 합니다. 자, 토마토는 썰기에 약간 이상한 모양이므로 우선은 반으로 자르시고 납작한 면을 도마에 올려 놓고 자르는 게 좋습니다. 다 자른 후에 오이와 토마토를 그릇에 담고 소스 국물 준비로 넘어갑시다.

Now this is where the recipe starts to get a little bit messy so it is good to have a supply of paper towels handy. The first ingredient that we need to put in the bowl is about 1/4 cup of lemon juice.
Q17

Slice the lemon in half and then squeeze tightly on the juicer in order to get this amount. Use the other half of the lemon if you need to get the full amount. Then take a sprig of coriander and cut
Q18
about two fifths of the sprig very finely and put that into the lemon juice. You can also use the stalk of the coriander, many people cut the stalk off and just use the leaves but much of the flavour lies in the stalk so make sure you cut that up as well. Next we have our secret ingredient, seafood sauce. Now this sauce does not smell very nice but I can assure you that it is very tasty. We only need to put about one and a half teaspoons of this into the mixture. Next up we are going to put in about 250mL of soy
Q19
sauce. 250mL is the equivalent of one cup so just use one of those to measure it out. Lastly, we need to add around 21gms of chili flakes. Now stir the wet ingredients together and then introduce the
Q20
squid. We need to mix the squid in well so that it soaks up all the ingredients. Leave the squid to soak for about half an hour in order for the flavour to infuse the squid pieces. Now we'll put this one aside and from now on we will use the squid mixture that I prepared before class. This squid has been soaking for 31 minutes so it will be perfect.

Now we are going to use a fry pan today but if you feel like it you can use a barbecue for this. Put about a teaspoon of olive oil into the fry pan first, then just allow the oil to roll to all parts of the fry pan by placing it at different angles. Then we put the fry pan on a high heat and introduce the squid pieces. Now we can use tongs to pick out the squid pieces, don't worry too much about the sauce that gets left behind as we will use that later. The squid will barbecue very quickly, so make sure you watch it carefully to avoid burning it. Now see, after only a few seconds this piece of squid is beginning to curl up. Watch carefully and the squid will roll up completely like a cigar. There, now it should only take about 2-3 minutes for the squid to be ready. Once it is rolled up like this one just simply pick it up with your tongs and place it on the plate. Presentation is a very important part so please ensure to put the squid into the centre of the plate. Right now that is ready so what we do next is get the sauce and lightly drizzle it onto the squid, then in one movement just put a ring of sauce around the squid and it's done. Thank you class and Bon appetit! **Q21**

자 이제부터 요리가 약간 지저분해지므로 종이 행주를 가까이 놓는 게 좋습니다. 그릇에 넣어야 할 첫 번째 재료는 1/4 컵의 레몬주스입니다. 레몬을 반으로 자르고 이만한 양이 나오도록 주스기로 꽉 짜도록 하세요. 충분한 양을 만들려면 남은 절반의 레몬을 사용하십시오. 그 다음 미나리 가지를 2/5만큼 매우 잘게 썰어 레몬주스에 넣으십시오. 미나리 줄기를 사용할 수도 있습니다만 많은 사람들은 줄기를 잘라버리고 단지 잎 부분만 사용하는데 향의 대부분은 줄기에 있으므로 줄기도 잘라놓으세요. 다음은 저희 비밀 양념인 해물소스를 넣습니다. 이 소스는 냄새가 좋지는 않지만 매우 맛이 있습니다. 위에서 섞어 놓은 재료에 1.5 티스푼만 넣어야 합니다. 다음은 간장 250밀리리터를 넣습니다. 250밀리리터는 한 컵 분량에 해당하므로 이것들 중 하나를 사용해서 양을 재십시오. 마지막으로 약 21그램의 고추 가루를 첨가해야 합니다. 이제 소스 국물 재료들을 모두 함께 섞은 뒤 오징어를 넣으십시오. 오징어에 양념이 잘 배도록 오징어를 잘 섞어야 합니다. 오징어에 맛이 잘 배도록 30분 정도 재워둡니다. 이제 이것을 한 쪽으로 치운 다음 지금부터 수업 시간 전에 양념해 두었던 오징어를 사용하겠습니다. 이 오징어는 31분 동안 재워서 적당할 것입니다.

이제 프라이팬을 사용하려고 하는데 원하시면 바비큐를 사용하셔도 됩니다. 우선, 1 티스푼의 올리브 기름을 프라이 팬에 두르신 다음 프라이팬을 다른 각도로 기울이면서 기름이 프라이팬 전체에 고루 묻도록 합니다. 다음은 프라이팬을 뜨겁게 달궈 오징어를 얹어놓습니다. 집게를 사용하여 오징어 조각을 꺼냅니다. 남은 소스는 나중에 사용할 것이므로, 너무 염려하지 마십시오. 오징어는 매우 빨리 구워지므로 그것이 타지 않도록 잘 살펴봐야 합니다. 유의하여 관찰하시면 오징어가 시가 담배 모양으로 완전히 말릴 것입니다. 약 2~3분 정도면 오징어가 다 됩니다. 이런 모양으로 돌돌 말리게 되면 집게로 집어서 접시 위에 얹어놓으세요. 차림모양이 매우 중요한 부분이므로 오징어를 접시의 가운데 놓도록 하십시오. 이제 모두 준비가 되었으므로 우리가 다음에 할 것은 소스를 가지고 오징어 위에 살짝 뿌린 다음, 멈추지 마시고 한 번에 오징어 주변에 원모양으로 두르면 완성입니다. 여러분께 감사 드리고요, 맛있게 드세요!

Questions 12~13

Choose two letters A~E for each question.

각각의 문제에 대해 A~D 중 정답을 2개 고르시오.

12. Which parts of the squid are used in the recipe?

A. tentacles
B. head
C. tail
D. tube
E. beak

오징어의 어느 부분이 조리에 사용됩니까?

A. 다리
B. 머리
C. 꼬리
D. 몸통
E. 입

정답 | C AND D

13. Which types of squid are available from the fish market?

A. fresh whole squid
B. frozen whole squid
C. pre-cut squid
D. squid rings
E. fresh squid tubes

생선시장에서는 어떤 오징어를 살 수 있습니까?

A. 날 오징어
B. 냉동 오징어
C. 미리 썰어진 오징어
D. 고리 모양의 오징어
E. 날 오징어 몸통

정답 | A AND E

Questions 14~16

Complete the sentence below. 아래 문장을 완성하시오.

In addition to the squid, the recipe also uses onion which you can peel either by hand or with a _____ **14.** knife _____, then dice the onion. Next, the recipe also includes a cucumber cut into _____ **15.** cubes _____ In total we need to use _____ **16.** 535 _____ grams of cucumber so you may need to use two.

이 요리는 오징어 외에, 손이나 **14.** 칼 로 껍질을 벗긴 양파를 사용하고, 그 후 양파를 깍두기 모양으로 썹니다. 그 다음, 오이를 **15.** 깍두기 모양 으로 잘라서 넣습니다. 우리가 필요한 오이는 모두 **16.** 535 그램이므로 두 개가 필요할 지도 모릅니다.

Questions 17~20

Fill out the recipe below with the required amounts of each item.

아래 조리법에 각 재료의 필요한 분량을 넣으시오.

THAI - STYLE SQUID SAUCE

Ingredients

17.	cup of lemon juice
18.	of a sprig of coriander
19.	millilitres of soy sauce
20.	grams of chili powder

재료

재료		
레몬 주스	**17.** 1/4	컵
미나리	**18.** 2/5	가지
간장	**19.** 250	밀리리터
고춧가루	**20.** 21	그램

Questions 21

21. Which of the below dishes has the sauce put on it correctly?

아래의 어느 요리가 정확하게 소스를 뿌렸습니까?

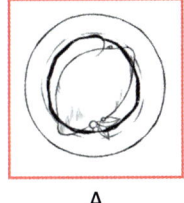  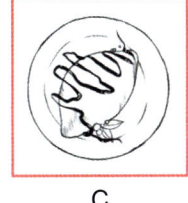 

A	B	C	D

정답 | A

 script ───

Jeremy: Hey Kylie, how is your study going?

Kylie: Not good, I am so confused about some of these chemistry formulas.

Jeremy: Really, when is your chemistry exam?

Kylie: I have Chemistry first up on Monday morning.

Jeremy: OK I'd better not disturb you too much. What time on Monday morning? Because that's when my first exam is too.

Kylie: The exam is at 9 o'clock. But I will be here much earlier than that as <u>my bus gets to school at</u>
<u>thirteen past seven.</u>
                                                Q22

Jeremy: That's not so bad. At least you will be finished by lunchtime. My history exam doesn't start until 10am. How about you Louise?

Louise: I get an extra day to study because my first exam is not until Tuesday afternoon.

Jeremy: What subject have you got?

Louise: It's my accounting exam.

Kylie: Do you feel confident about it?

Louise: I guess so. Accounting is my best subject so it will be good to get it out of the way first. <u>It's Physics that I'm worried about,</u> I need to get more study in on that subject.
                        Q23

Kylie: Oh, <u>Physics is going to be so hard.</u> I find the formulas particularly hard to recall. By the way,
                      Q23
which class is the accounting exam in? I wrote it down on a piece of paper but I lost it somewhere.

Louise: It's in Room S65. <u>That's one of the science laboratories normally.</u>
                                        Q24

Kylie: Thanks for that. Anyway Jeremy how much study have you done?

Jeremy: I did a lot last night. I think I was up until 11pm.

Kylie: That's a good effort.

Jeremy: Well yes, although <u>I didn't get much work done on my Japanese.</u> I still need to remember a lot of the characters. <u>The only practice I got was a brief run through some speaking.</u>
                                                         Q25

Louise: Have you two tried the remedial classes?

Jeremy: The what?

Louise: The remedial classes. They are a summary of a lot of the class work that has been done in the semester. You can go there to practice and see what you need to read up on.

Kylie: I didn't know that the school had them.

Louise: Don't you read the notice board? You can go and see the subject's teacher to sign up.

Jeremy: Well I think I really need that. Come on Kylie. Let's check the notice board.

⋯⋯⋯⋯⋯⋯⋯⋯⋯⋯⋯⋯⋯⋯⋯⋯⋯⋯⋯⋯⋯⋯⋯⋯⋯⋯⋯⋯⋯⋯⋯⋯⋯⋯

제레미 : 안녕 카일리, 공부하기가 어때?

카일리 : 별로 좋지 않아, 이 화학공식 몇 개가 무척 혼동스러워.

제레미 : 정말, 언제 화학 시험이 있는데?

카일리 : 월요일 아침 첫 시험이 화학이야.

제레미 : 그래, 너를 너무 많이 방해하지 않는 것이 좋겠다. 월요일 아침 몇 시야? 왜냐하면 나도 그날 처음 시험이 있거든.

카일리 : 9시에 시험이 시작이야. 하지만 버스가 학교에 7시 13분에 도착하므로 훨씬 일찍 이 곳에 올 거야.

제레미 : 그렇게 나쁜 경우는 아니네. 적어도 점심 시간에는 끝날 거잖아. 내 역사 시험은 10시에나 시작되는데. 루이즈 너는 어때?

루이스 : 내 첫 시험은 화요일 오후에나 시작되니까 하루 더 공부할 여유가 있어.

제레미 : 무슨 과목 시험을 치는데?

루이스 : 회계학 시험이야.

카일리 : 그 과목에 자신 있어?

루이스 : 응 그렇게 생각해. 회계학은 내가 가장 잘 하는 과목이라서 처음으로 시험 보는 것이 좋을 거야. 물리가 가장 걱정이 되어서 그 과목을 더 많이 공부해야 할 것 같아.

제레미 : 음. 그게 정말 필요할 것 같아. 카일리, 가서 공고판을 확인해보자.

카일리 : 응, 물리는 너무 어려울 거야. 나는 공식을 기억하기가 가장 어렵거든. 여하튼, 회계학 시험은 어느 교실에서 있어? 종이에 적어 놓았는데 어디서 잃어버렸나 봐.

루이스 : S65 교실이야. 평상시 대로 과학 실험실중의 하나야.

카일리 : 고마워. 여하튼 제레미 너는 얼마나 공부했어?

제레미 : 지난 밤에 많이 했어. 11시까지 깨어있었거든.

카일리 : 잘했네.

제레미 : 음 그래, 일본어는 많이 하지 못했지만. 아직도 많은 단어를 외워야만 해. 내가 한 것이라고는 간단히 말하기 연습 한번 쭉 한 것뿐이야.

루이스 : 너희들 둘 보충수업에 가 본 적 있어?

제레미 : 뭐라고?

루이스 : 보충수업 말이야. 그것은 그 학기에 해야 하는 많은 수업 내용을 간추려 놓은 것이야. 거기에 가면 연습을 하거나 네가 읽어야 하는 것을 알아볼 수 있어.

카일리 : 학교에 그런 것이 있다는 것을 알지 못했는걸.

루이스 : 공고판을 읽지 않았구나? 신청하려면 과목 선생님께 가서 알아 봐.

제레미 : 음 그게 정말 필요할 것 같아. 카일리 가서 공고판을 확인해 보자.

Jeremy: Right, Let's see. <u>You do French right.</u>
Q26

Kylie: Yes, when is that class?

Jeremy: It's after school at 4 o'clock.

Kylie: On which day?

Jeremy: <u>Wednesday.</u>
Q26

Kylie: Oh no, I can't make that. I have to work on Wednesdays at the cafe.

Jeremy: That's too bad. Do you do Economics?

Kylie: No, I don't.

Jeremy: OK well, I guess I have to go by myself then. It will be a rush to get to that class because it is straight after my football practice. Hopefully the teacher won't mind if <u>I turn up there at 25 to 4</u>. I don't know why they needed to have the class on Thursday.
Q27

Kylie: Are there any classes on Tuesday? I am free on that day.

Jeremy: Do you take Media Studies?

Kylie: No.

Jeremy: How about Geography?

Kylie: Yes I do that.

Jeremy: A quarter to 4 on Tuesday afternoon.
Q28

Kylie: Have you found any that you need to go to?

Jeremy: Yes I will definitely be attending the Japanese class.

Kylie: When is that?

Jeremy: Ten past twelve on Thursday morning.
Q29

Kylie: Uh oh, no lunch that day.

Jeremy: That will be OK as I'm on a diet anyway.

Kylie: You don't need to diet! But anyway, there's one subject I need extra study and that is chemistry. When can I go that class?

Jeremy: Well it says here that Chemistry is on Friday evening. They do give you a choice of two
Q30

times. Take your pick of either 5pm or half past seven.
Q31

Kylie: Oh well, it looks like I will be staying late on Friday then. Let's go see the teachers and sign up.

Jeremy: Yes, let's go.

제레미 : 응, 어디 보자. 불어 하는 것 맞지.

카일리 : 응, 언제 수업이 있어?

제레미 : 방과 후 4시에 있네.

카일리 : 무슨 요일?

제레미 : 수요일.

카일리 : 어 안 되는데, 수업을 들을 수 없어. 수요일에 카페에서 일해야 하거든.

제레미 : 안됐다. 경제학도 하지?

카일리 : 아니, 안 해.

제레미 : 응 그럼, 나 혼자서 가야겠는걸. 축구 연습 후에 바로 있기 때문에 수업에 서둘러서 가야 할 거야. 내가 거기에 4시 25분전에 도착해도 교수님이 묵인해 주시길 바랄 뿐이야. 왜 수업을 목요일에 해야 하는지 모르겠어.

카일리 : 화요일에 수업 있어? 나는 그날은 한가한데.

제레미 : 대중매체학을 선택했니?

카일리 : 아니.

제레미 : 지리학은?

카일리 : 응. 선택했어.

제레미 : 화요일 오후 4시 15분전.

카일리 : 네가 가야만 하는 다른 것을 알고 있어?

제레미 : 응 나는 반드시 일본어 수업에 참석해야 해.

카일리 : 언제야?

제레미 : 목요일 12시 10분.

카일리 : 오, 안 되는데, 그날 점심을 먹지 못하잖아.

제레미 : 나는 다이어트 중이라서 상관 없어.

카일리 : 너는 다이어트 할 필요가 없잖아! 여하튼, 내가 더 공부해야 할 과목이 있는데 바로 화학이야. 언제 그 강의에 가야 하지?

제레미 : 음, 여기 보면 금요일 저녁에 화학이 있네. 너는 두 가지 시간 중에 선택할 수 있어. 저녁 5시 아니면 7시 30분 중에 골라.

카일리 : 응, 음, 금요일 저녁 늦게까지 있어야 할 것 같다. 선생님을 만나서 등록을 하자.

제레미 : 응 가자.

Questions 22~25

Answer the following questions using NO MORE THAN THREE WORDS or a NUMBER.

세 단어 혹은 숫자를 사용하여 다음 문제에 답하시오.

22. What time does Kylie's bus arrive at the school?

카일리의 버스가 학교에 도착하는 시간은?

정답 | 7:13 am

23. Which subject are the students concerned about?

학생들이 걱정하고 있는 과목은 무엇인가?

정답 | Physics
물리학

24. What is the classroom S65 normally?

평상시에 S65는 무슨 교실인가?

정답 | a science laboratory
과학 실험실

25. What was the only part of the Japanese test that Jeremy said he had studied?

제레미가 공부했다는 것은 일본어 시험의 어느 부분인가?

정답 | speaking
말하기

Questions 26~31

Fill in the below table about the remedial classes.

보충수업에 관한 아래 도표를 완성하시오.

Subject	Day	Time the students will go to the class
French	**26.** Wednesday	4pm
Economics	Thursday	**27.** 3:35pm
Geography	Tuesday	**28.** 3:45pm
Japanese	Thursday	**29.** 12:10pm
Chemistry	**30.** Friday	5pm or **31.** 7:30pm

과목	일자	학생들이 수업에 가야 할 시간
불어	**26.** 수요일	4pm
경제학	목요일	**27.** 3:35pm
지리학	화요일	**28.** 3:45pm
일본어	목요일	**29.** 12:10pm
화학	**30.** 금요일	5pm 혹은 **31.** 7:30pm

SECTION 4 *Questions 32~41*

script ───

Professor:

Good evening class, I would like to introduce our speaker for today's lecture, Dr. Maria Watkins, who is a specialist in Glaciology. She will discuss various aspects of glacial science and look at what could occur if global warming is left unchecked.

Dr. Watkins:

Thanks Professor, as mentioned, my name is Maria Watkins and I have been studying glaciers for the past 20 years both in this country and overseas. Many of you will have heard about Global Warming but perhaps don't realize what it could cause. I will be looking at the effects of global warming on glaciers and what they could mean for the world but first I will describe the composition of a glacier so you will gain a better understanding of what makes up these magnificent creations.

A glacier is, in essence, a river of ice and snow. It is formed by a complex process when <u>layers of snow are first subjected to repeat freezing and thawing</u>, turning the snow into a form of coarse ice. Snowfall

Q32
and layers of ice then form on top of this coarse ice which cause <u>it to become an even denser form of</u>

                                                                        Q33
<u>ice called firn</u>. Over a period of years the <u>layers of firn are further compacted becoming glacial ice.</u>

                                                                  Q34
<u>Continued snowfall adds to the glacier over time</u> creating the glaciers we see today.

                   Q35

Glaciers are described in two parts. <u>The upper part, at higher altitude, is called the accumulation zone.</u>

                                                                        Q36
It is called this because this is the part of the glacier where the most snow falls or accumulates. The accumulation zone accounts for a majority of the glacier's surface area. The ice in the accumulation zone exerts so much downward pressure that the rock underneath can be severely eroded. After a glacier has melted away there is often a bowl- shaped gouge that is left behind in the rock below.

<u>On the opposite end of the glacier at lower altitude is the deposition zone</u> where more ice is lost

                                   Q37
through melting than is gained from snowfall. <u>The place at the glacier's base where the ice thins to</u>

                                                                      Q38
<u>nothing is called the ice front.</u> The two zones meet at a place called the snow line which is the level where the amount of new snow accumulated is equal to the amount of ice that is lost through melting.

Most of the glaciers we have today were formed during the last ice age and have been in a cycle of growth and retreat ever since. However, the retreats in recent years are without precedent in history.

<u>The most recent period of sustained growth of glaciers was the period between 1550 and 1850,</u> otherwise known as the Little Ice Age. Following this, glaciers began to retreat slightly as the earth

warmed between the years 1850 and around 1940. After 1940, the earth entered a cooler phase which came to an abrupt halt in the 1980s. Since 1980 glacier retreat has become increasingly rapid and widespread which has caused alarm amongst scientists. Since 1900, glaciers outside of the Polar

<u>Q39</u>

Regions have lost over 50% of their total mass and some, such as the snow cap on Mt. Kilimanjaro in Tanzania which has existed for 11,000 years, are on the verge of disappearing.

The loss of glaciers could prove to be devastating to our way of life. Water melting from glaciers is the lifeblood of many major rivers and lakes that supply many of our cities. It also acts as a natural equilibrium; a glacier will retain water in ice form in years with high rainfall then, in warmer, drier years offset the lower rainfall with a larger volume of water from melting ice. If the glacier is no longer there then this natural balance is forever destroyed.

Probably the most concerning are the glaciers in the Himalayas which supply some of Asia's biggest rivers such as the Yangtze, Mekong, Yellow, Ganges and Indus. According to a UN climate report these glaciers could disappear by 2035 at the current rate of melting. Approximately 2.4 billion people

<u>Q40</u>

rely on these rivers for their livelihood and survival. If the Himalayan glaciers melt these people could face heavy flooding followed by sustained drought over the coming decades.

The outlook appears dire, but there is still hope. If everybody does their part to reduce the levels of carbon in the atmosphere then the heating cycle may be able to be arrested and the worst effects of global warming will be avoided. People can recycle their old plastic and glass, take public transport instead of using your car and try to make your home more energy efficient. By working together, we

<u>Q41</u>

can preserve the remarkable sight of a glacier for future generations.

교수 :
안녕하세요 학생 여러분, 오늘 강연의 강사님으로 빙하학 전문가인 마리아 왓킨스 박사를 소개합니다. 그녀는 빙하학의 다방면에 관하여 토론을 할 것이며 지구 온난화가 이대로 계속될 경우에 일어날 수 있는 사항에 대하여 고찰할 것입니다.

왓킨스 박사 :
감사합니다. 교수님, 발씀 느린 대로 저의 이름은 마리아 왓킨스이며 지난 20년 동안 국내외에서 빙하에 관한 연구를 해 왔습니다. 여러분 중 많은 학생들이 지구 온난화에 대해 들었을 것이지만 그로 인해 일어날 일에 대해서는 아마도 인식 하지(피부에 와 닿지) 못할 것입니다. 저는 지구 온난화가 빙하에 미칠 영향과, 그 영향들이 지구에 무엇을 의미하는지에 대해 고찰 할 것입니다. 하지만 우선 이 엄청난 물체가 무엇으로 이루어져 있는지 이해를 돕기 위해서 빙하의 구성에 대해 설명을 하겠습니다.

빙하는 본질적으로 얼음과 눈으로 된 강을 말합니다. 빙하는 먼저, 두껍게 쌓인 눈들이 얼고 녹기를 반복하다가, 그 눈이 엉성한 얼음 형태로 변하는 복잡한 과정에 의해 형성됩니다. 그리고 나서 (또 다시 내리는) 눈과 얼음 층이 이 엉성한 얼음 위에 쌓이게 되는데, 이것들이 그 엉성한 얼음을 입상설(粒狀雪)이라고 불리는 훨씬 더 치밀한 형태의 얼음으로 변하게 합니다. 일정 기간이 지나며 이 입상설 층은 더욱 더 치밀해져서 빙하로 변합니다. 시간이 지남에 따라, 계속 내리는 눈들이 빙하에 더해져, 현재 우리가 보는 빙하를 만듭니다.

빙하는 두 부분으로 설명됩니다. 높은 고도에 있는 상층 부분은 축적부라고 부릅니다. 이 곳이 가장 많은 눈이 내리고 쌓이는 부분이기 때문에 이렇게 부릅니다. 축적부는 빙하 표면의 대부분을 차지합니다. 축적 부에 있는 얼음은 지속적으로 상당한 압력을 아래로 가해, 아래에 있는 암석이 심하게 침식됩니다. 대개, 빙하가 녹으면서, 아래에 있는 암석에 사발 모양의 홈이 남습니다.

낮은 고도에 있는 빙하의 반대편 끝에는 퇴적부가 있는데, 이 곳에선 눈이 내려 쌓이는 양보다 더 많은 얼음이 녹아 유실 되는 곳입니다. 얼음이 얇아져 없어지는 빙하의 기저부는 얼음 전선(ice front)라고 불립니다. 이 두 부분은 설 선이라고 불리는 곳에서 만나는데, 설선에서는 새로 쌓이는 눈의 양과 녹아 없어지는 얼음의 양이 동일합니다.

오늘날 대부분의 빙하는 마지막 빙하기 동안 형성되었고, 그 후로 성장과 감소를 되풀이 해 왔습니다. 하지만, 최근의 감 소는 역사상 선례가 없었습니다.

가장 최근에 있었던 빙하의 지속적인 성장기는 1550년에서 1850년 사이로, 소빙기라고 알려져 있습니다. 그 이후 빙 하는, 지구가 1850년에서 1940년경 사이에 따뜻해 짐에 따라 약간 감소하기 시작했습니다. 1940년 이후에 지구는 냉 각국면에 접어들었는데, 그 냉각국면은 1980년대에 갑작스럽게 끝났습니다. 1980년 이래로 빙하는 점점 빠르고 광범 위하게 감소하여 과학자들 사이에 경각심을 불러일으켰습니다. 1900년 이후, 극지방 외곽의 빙하가 전체 량의 50% 이 상이 유실되었고, 11,000년간 존재하였던 탄자니아의 킬리만자로 산의 만년설 등이 사라질 위기에 처해 있습니다.

빙하의 소실은 우리 삶에 파괴적일 수 있습니다. 빙하가 녹은 물은 많은 지역에 공급되는 주요 강과 호수의 근간입니다. 그것은 또한 자연의 균형을 유지시켜주는 역할을 합니다; 강우량이 많은 해에는 얼음형태로 물을 보유하고 있다가, 덥고 비가 적은 해에는 얼음이 녹아 생긴 많은 양의 물이 적은 강우량을 상쇄시킵니다. 만일 빙하가 더 이상 그곳에 없게 되면 이런 자연의 균형이 영원히 깨지는 것입니다.

아마도 가장 우려되는 것은 양자강, 메콩강, 황하강, 겐지즈강과 인더스강 같은 아시아의 가장 큰 강들에 물을 공급하는 히말라야의 빙하일 것입니다. 유엔의 한 기상 보고서에 따르면, 이 빙하는 현재 녹는 속도대로라면 2035년경 없어질 수 있습니다. 대략 이십사 억의 사람들이 그들의 생계와 생존을 이들 강에 의지하고 있습니다. 만일 히말라야 빙하가 녹으 면 이 사람들은 앞으로 몇 십 년간 엄청난 홍수와 연이은 지속적인 가뭄에 직면할 수도 있습니다.

이런 예측이 긴박해 보이긴 하지만, 아직 희망은 있습니다. 만일 우리 모두가 공기 중의 탄소 수치를 줄이기 위해 각자의 역할을 한다면, 지구가 더워지는 것을 막을 수 있고, 지구 온난화의 최악의 결과를 피할 수 있을 것입니다. 우리들은 사 용한 플라스틱과 유리를 재활용하고, 자가용 대신 공공 교통수단을 이용하고, 가정에서 에너지를 더 효율적으로 사용하 도록 노력해야 합니다. 우리가 모두 함께 힘을 합하면, 미래 세대를 위해 멋진 빙하의 모습을 보존할 수 있을 것입니다.

TEST 03

Questions 32~35

Complete the flow chart of the process of glacier formation.

빙하의 형성 과정에 관한 흐름도를 완성하시오.

Snow is subjected to repeated **32. freezing and thawing** becoming coarse ice.

Layers of ice form on top of the coarse ice causing it to become **33. firn** .

Over a period of time the layers of firn become **34. glacial ice** .

35. (Continued) snowfall adds to the glacier over time.

---

32. 눈이 얼고 녹는 과정 이 얼고 녹는 과정을 되풀이 하면서 엉성한 얼음 상태로 바뀝니다.

얼음 층이 그 엉성한 얼음 위에 쌓여 그것을 **33. 입상설** 이 되게 만듭니다.

몇 해를 거듭하면서 입상설 층이 **34. 빙하** 가 됩니다.

시간이 지나면서 **35. (계속되는) 눈이** 빙하에 쌓입니다.

Questions 36~38

Label the parts of a glacier. 빙하의 각 부분에 이름을 붙이시오.
Choose the appropriate letter A~D in boxes 36~38 on your answer sheet.
답안지의 박스 36~38에 알맞은 A~D를 선택시오.

A. Accumulation zone 축적부
B. Bowl shaped gouge 사발 모양의 홈
C. Deposition zone 퇴적부
D. Ice front 얼음 전선

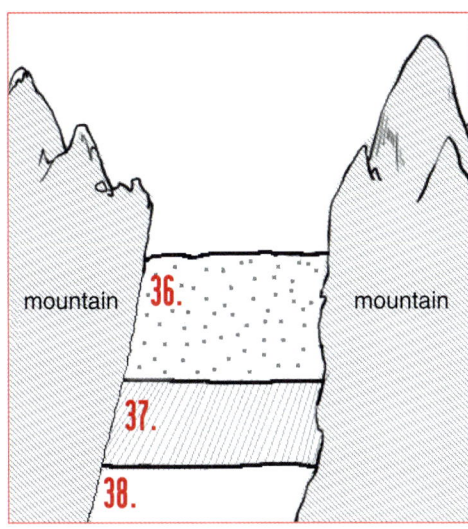

정답 | **36.** A
37. C
38. D

Questions 39~41

Choose the correct letter A~D. 정확한 답을 A~D에서 선택하시오.

39. Which graph best shows the rate of growth of glaciers between 1550 and 2000?

1550년과 2000년 사이의 빙하 형성율을 가장 잘 나타내는 그래프는 어느 것입니까?

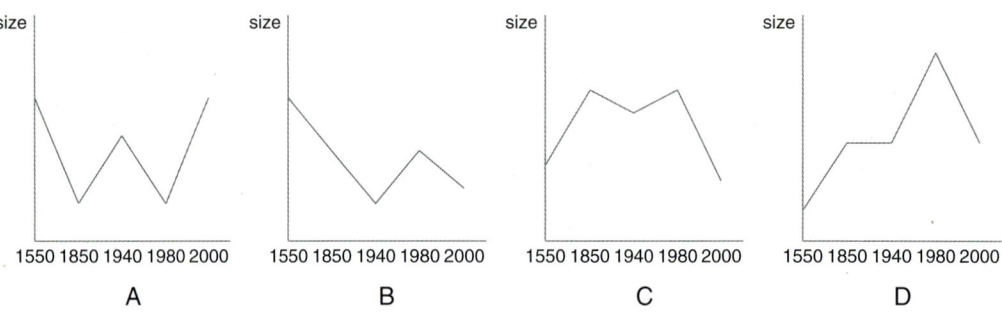

A	B	C	D

정답 | C

40. How many people would be affected by the loss of the Himalayan glaciers?

A. 240,000
B. 2,400,000
C. 240,000,000
D. 2,400,000,000

히말라야 빙하의 소실로 영향을 받는 사람은 몇 명입니까?

A. 이십 사만
B. 이백 사십만
C. 이억 사천만
D. 이십 사억

정답 | D

41. Which of the following does the article NOT mention as a way to reduce Global Warming?

A. Making homes energy efficient
B. Recycling old glass
C. Using public transport
D. Planting trees

이 기사에서 지구 온난화를 줄이는 방법으로 언급되지 않은 것은 다음 중 어느 것입니까?

A. 가정에서 에너지를 효율적으로 사용
B. 사용한 유리의 재활용
C. 공공 교통수단 이용
D. 나무 심기

정답 | D

1	C	22	how popular
2	D	23	attract new customers
3	A	24	(seven) coupons
4	D	25	less to produce
5	D	26	B
6	togs OR swimming togs	27	D
7	orange OR bright orange	28	A
8	blue stripes down the side	29	C
9	6	30	2/3
10	Sean	31	81.2
11	547 2284	32	the (potential) audience
12	7 (seven)	33	hopes to achieve
13	the teacher OR the music instructor	34	the (product) idea
14	75	35	Company failure OR Business failure
15	the repair charges	36	Testing new products
16	the music staff	37	financial status
17	B	38	lack of funds
18	D	39	a net gain
19	A	40	Cost-benefit analysis
20	D		
21	B		

T
E
S
T

0

4

🎧 script ——————————————————————————————

Claire: Hello, Wet and Wild fun park. How can I help?

Mr. Locke: Hi, My name is Brian Locke and I'm a teacher at Wentworth Park School. We had a class trip to your complex yesterday.

Claire: Ah Yes, I remember. What can I do for you?

Mr. Locke: Well, a few of our students have lost some of their belongings after the visit. I was wondering if any of it had been handed in to Lost Property.

Claire: OK, well I need you to describe the items and I will have a look for any of them.

Mr. Locke: Firstly, one of the boys has lost his T-shirt. The shirt has the name Ben written inside and he says it is very unusual. It is a brown t-shirt with a white star in the centre and two white patches at the base of the sleeves.
Q1

Claire: I think I remember a shirt like that, I'll see if it is there.

Mr. Locke: The second lost item is a cellular phone belonging to a girl called Amy.

Claire: I hope we can find that for her, what does it look like?

Mr. Locke: Yes I hope so. She says that the phone is red with a purple rabbit hanging from it.
Q2

Claire: Well I hope that is there. It will be very expensive to replace that. I also have something that was handed in that hasn't been taken to Lost Property yet. If I describe it to you can you ask your students if they have lost them?

Mr. Locke: Yes, sure no problem.

Claire: OK, it's a purple cap, with alternating orange and blue stripes around the base. It also has a yellow flower on the left hand side and a rainbow in the centre.
Q3

Mr. Locke: Nobody has reported anything like that missing but I will ask my students.

Claire: Is there anything else that is missing?

Mr. Locke: Yes, one of the boys has lost his towel.

Claire: We get a lot of those, unsurprisingly!

Mr. Locke: Yes, well the boy says that the towel is fairly distinctive. He says it features a beach scene in the centre. Directly beneath the beach scene a crab is holding a banner saying 'Sunset Beach'.
Q4

Claire: OK, I've noted all of that. Anything else?

Mr. Locke: Yes there is one more lost item. Jenna has left her school bag behind. She says that it is a grey and black backpack with a soccer ball drawn on the left hand side.
Q5

Claire: Right, I've got all of that. Is there anything else I can help you with?

Mr. Locke: Well, that is the last lost item for today. Is there any way that the children can contact you if any more of them have lost items?

Claire: Yes sure, they can come into the pools and check the Lost Property. If the item is not there, the child can leave their name, phone number and a description of the item with me.

클레어 : 여보세요, 왯 앤 와일드 놀이공원입니다. 무엇을 도와드릴까요?

미스터 록 : 안녕하세요. 저는 브라이언 록이고, 웬트워스 파크 학교의 선생님입니다. 저희는 어제 놀이 공원에 현장학습을 갔었습니다.

클레어 : 아 네, 기억합니다. 어떻게 도와 드릴까요?

미스터 록 : 음, 견학 후에 몇 명의 학생들이 소지품을 잃어버렸습니다. 분실물 센터에 들어온 물건들이 있는지 궁금합니다.

클레어 : 알았습니다. 음, 물건에 대해 말씀해 주시면 제가 찾아보도록 하겠습니다.

미스터 록 : 우선, 한 남자애가 티셔츠를 잃어버렸습니다. 셔츠 안쪽에 벤이라는 이름이 적혀있고 그는 그것이 매우 특이하다고 말합니다. 갈색 티셔츠로 가운데 하얀 별이 있고 소매 아랫부분에 두 개의 하얀 조각천이 붙어있습니다.

클레어 : 제가 생각하기에 그렇게 생긴 셔츠를 기억합니다. 그곳에 있는지 보겠습니다.

미스터 록 : 두 번째 품목은 에이미라는 여자아이의 핸드폰입니다.

클레어 : 우리가 그 아이를 위해서 찾을 수 있으면 좋겠네요. 어떻게 생겼나요?

미스터 록 : 저도 찾기를 원합니다. 빨간 핸드폰에 보라색 토끼가 매달려 있다고 합니다.

클레어 : 음, 그곳에 있었으면 좋겠네요. 다시 사려면 매우 비쌀 것입니다. 저에게도 아직 분실물 센터로 보내지 않은 물건이 몇 개 있는데요. 당신에게 설명해 드릴 테니, 학생들에게 잃어버린 물건인지 물어 보실 수 있나요?

미스터 록 : 예, 물론이죠.

클레어 : 알았습니다. 보라색 모자로, 아랫부분에 주황색과 파란색 줄이 엇갈려 있습니다. 또한 왼쪽에 노란색 꽃이 있고, 중앙에는 무지개가 있습니다.

미스터 록 : 아무도 그렇게 생긴 것을 잃어버렸다고 말하지는 않았지만 우리 학생들에게 물어보겠습니다.

클레어 : 그 밖에 잃어버린 것이 더 있나요?

미스터 록 : 예, 한 남자아이가 수건을 분실했습니다.

클레어 : 많은 수건들이 있지요, 놀랄 것도 없죠!

미스터 록 : 예, 수건은 확실히 눈에 띄는 것이라고 합니다. 가운데에 해변 풍경이 있다고 합니다. 해변 그림 바로 아래에 꽃게가 '썬셋 비치' 라고 쓰여 있는 깃발을 잡고 있습니다.

클레어 : 알았습니다. 제가 그렇게 모두 적어 놓겠습니다. 그 밖에 다른 것이 있나요?

미스터 록 : 예, 한 가지 더 있습니다. 제나가 학교 가방을 두고 왔습니다. 왼쪽 한 켠에 축구공이 그려져 있는 회색과 검은색 배낭입니다.

클레어 : 알았습니다. 모두 알겠습니다. 그 밖에 제가 도울 일이 있나요?

미스터 록 : 음, 그것이 오늘의 마지막 분실물입니다. 잃어버린 물건이 더 있을 경우 아이들이 당신과 연락할 수 있는 방법이 있나요?

클레어 : 물론이죠, 그들이 수영장에 와서 분실물을 확인할 수 있습니다. 만약 물건이 그곳에 없다면 아이들이 이름과 전화 번호 그리고 잃어버린 물건을 설명하여 제게 남기시면 됩니다.

Claire: Hi, How can I help?

Sean: Hi, I'm looking for a pair of swimming togs that I lost yesterday.
Q6

Claire: OK, can you describe them and I will have a look to see if we have them.

Sean: Well yes, they are bright orange and they have my name and phone number in them.
Q7

Claire: Well, you're a very sensible young man, that will make it easier to find them. Is there anything else I should know about them?

Sean: Ummm...... yes, they have blue stripes down the side.
Q8

Claire: OK, I've got that. Do you know what size they are?

Sean: I'm not sure. I think they are a <u>size 6</u>.
Q9

Claire: Now can just you tell me your name so I can look for it on the label?

Sean: It's <u>Sean</u>.
Q10

Claire: How do you spell that?

Sean: <u>S-E-A-N</u>
Q10

Claire: And what is the phone number on the label, Sean?

Sean: It's <u>547-2284</u>.
Q11

Claire: Thank you Sean, I will see if I can find them for you.

클레어 : 안녕하세요. 어떻게 도와 드릴까요?

션 : 안녕하세요. 저는 어제 잃어버린 수영복을 찾고 있습니다.

클레어 : 예, 우리가 가지고 있는지 찾아 볼 수 있도록 그것에 대해 설명해 주실 수 있나요?

션 : 음, 예, 밝은 주황색으로 제 이름과 전화번호가 적혀있습니다.

클레어 : 음, 당신은 매우 분별력 있는 젊은이군요. 그 덕분에 더 쉽게 찾을 수 있을 겁니다. 그것들에 대해 제가 알아야 할 다른 사항이 있나요?

션 : 음.. 예. 옆쪽 아래로 파란색 줄이 있습니다.

클레어 : 예, 알았습니다. 치수를 알고 있나요?

션 : 정확하지 않습니다. 제가 생각하기에 사이즈 6인 것 같아요.

클레어 : 상표를 찾아 볼 수 있도록 당신의 이름을 말해 주실 수 있나요?

션 : 션입니다.

클레어 : 철자가 어떻게 됩니까?

션 : S-E-A-N입니다.

클레어 : 상표에 있는 전화 번호가 무엇입니까? 션.

션 : 547-2284입니다.

클레어 : 감사합니다. 션. 당신을 위해 그것들을 찾아 보겠습니다.

Questions 1~5

Select the picture that looks the most like the item described by Claire or Mr. Locke.
클레어 혹은 록씨가 묘사한 물건의 그림을 고르시오.

1.

   A   B   C   D

정답 | C
해설 | 하얀 별과 소매 밑단에 흰천이 붙은 티셔츠

2.

   A   B   C   D

정답 | D
해설 | 토끼 장식이 달린 휴대폰

3.

   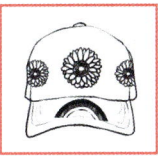

   A   B   C   D

정답 | A
해설 | 바닥에 줄무늬가 있고 왼쪽에 꽃이 있고 가운데 무지개가 있는 모자

4.

| A | B | C | D |

정답 | D

해설 | 해변 그림이 있는 수건. 해변 그림 아래 '선셋 비치'라고 적힌 깃발을 든 게가 있음.

5.

| A | B | C | D |

정답 | D

해설 | 왼쪽 끝에 축구공이 그려진 책가방

Questions 6~11

Fill in Claire's notes about the lost togs. 잃어버린 수영복에 대한 클레어 메모를 작성하시오.

WET N' WILD FUN PARK

Lost Item **6.** togs OR swimming togs

Colour of Lost item **7.** orange OR bright orange

Other Information about Lost item **8.** blue stripes down the side

Size   **9.** 6

Name   **10.** Sean

Phone Number   **11.** 547 2284

왯 와일드 놀이공원

분실물   **6.** 수영복

분실물 색상   **7.** 주황색 또는 밝은 주황

분실물에 관한 기타 정보   **8.** 옆쪽 아래로 파란색 줄

크기   **9.** 6

이름   **10.** 션

전화번호   **11.** 547 2284

SECTION 2 *Questions 12~21*

 script ———————————————————————————————————————

Teacher:

Every child at Moonlight School has the opportunity to learn a musical instruction with one of our part-time music instructors. Private tuition is available on the following instruments: violin, cello, flute, trombone and piano.

Of the instruments available, the one that needs to be started young is the violin. For this reason, we allow children from 4 years old upwards to have violin lessons during class time (tuition on the other instruments begins at age 7).
                          Q12

The music instructors, who are self-employed, send out their own accounts at the beginning of each term. Their rates range from $20-$25 per half hour. When paying fees, please make your cheque payable to the teacher concerned and not to Moonlight School.
                    Q13

If you are unsure about whether your child will continue using the instrument or cannot spare the expense of buying an instrument there are several of each type available for hire from the school. We can also advise you of companies who operate hire purchase schemes.

The standard hire charge for most school instruments is $115 per year or $75 for a half year. Students
                                                              Q14
are responsible for replacing broken strings and reeds, and for the repair charges if the instrument is
                                                              Q15
damaged. Where there is a demand for a certain instrument, we may have to restrict the hire period to one year; this gives parents time to decide whether to purchase an instrument, and enables us to pass the school instrument on to another deserving beginner. Parents who hire school instruments must sign a form accepting all responsibility for it. If you wish to purchase an instrument for your child the music staff will be happy to advise you with the selection of an appropriate instrument.
          Q16

선생님 :
문라이트 학교의 모든 학생들은 저희 학교의 파트 타임으로 근무하시는 음악 선생님으로부터 악기를 배울 수 있는 기회가 있습니다. 개인 교습은 다음 악기들이 가능합니다: 바이올린, 첼로, 플루트, 트럼본 그리고 피아노.

이 악기들 중에, 어렸을 때 시작할 필요가 있는 악기는 바이올린입니다. 이런 이유로 저희는 4살 이상의 어린이들이 수업시간에 바이올린 레슨을 받는 것을 허락합니다. (다른 악기들에 대한 교습은 7살부터 시작됩니다.)

음악선생님들은 독립적으로 일하는데(학교 직원이 아니라는 뜻), 매 학기 초에 그들의 계좌를 보내옵니다. 교습비는 30분당 20-25불 선입니다. 교습비를 지불하실 때, 문라이트 학교가 아니라, 담당선생님 앞으로 개인수표를 발행해 주시기 바랍니다.

만일 자녀가 계속해서 악기를 사용할지 여부에 대해 확신이 없거나 악기를 구매할 여유가 없다면, 학교에서 빌려드릴 수 있는 여러 악기들이 있습니다. 저희는 또한 할부 제도를 운영하는 회사를 소개시켜 드릴 수도 있습니다.

대부분 학교의 악기들의 일반적인 대여 비용은 1년에 115불 혹은 반년에 75불입니다. 학생들은 망가진 줄과 리드(악기의 입 닿는 부분)의 교체, 그리고 악기가 손상된 경우에 수리 비용에 대한 책임이 있습니다. 일정한 악기에 대한 수요가 있는 관계로 저희는 대여 기간을 1년으로 제한하고 있습니다. 이것은 부모님들께 악기를 구매할 것인지 여부를 결정할 시간을 제공하며 저희가 학교 악기를 필요로 하는 다른 초보자들에게 건네 줄 수 있게 합니다. 학교 악기를 대여하는 학부모님들은 반드시 악기에 대한 모든 책임을 수락하는 양식에 서명하셔야 합니다. 만일 자녀를 위해 악기 구매를 원하신다면 음악 교직원이 기꺼이 올바른 악기 선택에 관한 조언을 하실 것입니다.

Now, some important information for students. Each music student will be issued with a green card which states the day and time of his/her lesson. This card should be carried at all times and should be
<u>Q17</u>
shown to the class teacher each time she/he leaves class to attend a music lesson.

Students are expected to be regular and punctual in attendance. Please give the teacher ample notice of anticipated absence. If your child is unwell on the day of the lesson, please telephone the Music Department (voicemail 826) so that a message may be passed on. Under these circumstances, the
<u>Q18</u>
teacher will make every endeavour to make up the lesson. If no prior warning is given, the lesson will be forfeited.

Parents, I would also ask you to please ensure that your child practices regularly. The length of a practice session will depend upon the age and level of your child. What is important is to establish a routine that can be adhered to on a daily basis. With younger children the practice session should be supervised: Please give encouragement and support! You may find it helpful to sit in on your child's
<u>Q19</u>
lesson occasionally so that you know what is expected.

It is important to note that learning a musical instrument is not a short-term commitment. Parents and students should understand that results can only be achieved if there is consistent tuition and practice over an extended period of time. We recommend that students give themselves a year in which to decide whether or not to continue learning an instrument. If, however, you decide to terminate lessons, please give at least four weeks notice to the teacher.
<u>Q20</u>

Part of the joy of learning music is to give pleasure to other through performance, and to share the fun of music making with one's peers through ensemble playing. Twice a year, we organize student's recitals to give our young musicians the opportunity to perform to a sympathetic audience. You will be informed when we feel your child is ready to take part in one of these recitals, and you will be invited to come along. These recitals are also open to students who learn outside the school.

In the case of orchestral/band instruments, there is an expectation that your child will join one of the school ensembles as soon as we feel that she/he is ready. This is an important aspect of music education, and a valuable way in which your child can contribute to the life of the school. The ensemble performs both in school (at assemblies and concerts) and outside (through visits to institutions in the community) and all students who participate understand the enjoyment <u>and sense</u>

of achievement that this involvement brings. Please support us by encouraging your child to take part
Q21
in school music activities, and by ensuring that she/he is available for after school rehearsals.

If you are interested in learning an instrument this year please complete an application form and
return it to the Head of Music. The relevant teacher will contact you directly to arrange a suitable
lesson time.

이제 학생들에게 중요한 정보입니다. 음악을 하는 모든 학생은 교습 요일과 시간이 적힌 초록색 카드를 발부 받게 됩니다. 이 카드는 항상 소지하여야 하며 음악 레슨에 참여하기 위해 수업을 빠질 때마다 담임 선생님께 보여드려야 합니다.

학생들은 정기적으로 또 정확하게 수업에 참여하기 바랍니다. 선생님께 예상되는 결석에 관한 충분한 사전 고지를 하기 바랍니다. 만일 자녀가 교습 당일에 몸이 좋지 않다면 음악부(음성메일 826)에 전화를 하여 메시지를 남겨 주십시오. 이런 경우에는 선생님께서 되도록이면 보충교습을 하실 것입니다. 만일 사전 통보가 없을 경우, 교습기회는 상실됩니다.

부모님들께, 자녀가 연습을 정기적으로 하는지 확인을 부탁 드리고 싶습니다. 연습시간의 길이는 나이와 아이들의 수준에 따릅니다. 중요한 것은 매일 일과로 꾸준하게 하는 것입니다. 어린 아이들의 연습시간은 지켜봐야 합니다. 아이들을 격려하시고 지원해 주시기 바랍니다! 부모님들께서 아이들의 교습 시간에 가끔 참석하시면 아이들이 무엇을 해야 하는지 알 수 있기 때문에 도움이 될 것입니다.

악기를 배우는 것은 짧은 기간에 행해지는 것이 아님을 아는 것이 중요합니다. 부모님들과 학생 여러분들은 지속적인 교습과 장 시간의 연습이 있어야만 결과를 얻을 수 있다는 것을 이해해야만 합니다. 저희는 학생들이 계속적으로 악기를 배울 지 여부를 결정하기 위해 1년 정도의 시간을 가지기를 권합니다. 하지만, 만일 교습을 중단하겠다고 결정하신다면 최소한 4주 전에 선생님께 통보해 주시기 바랍니다.

음악을 배우는 즐거움 중 하나는 연주회를 통해 다른 사람에게 기쁨을 주고, 합주를 통해 동료들과 함께 만드는 음악의 즐거움을 공유하는 것입니다. 일년에 두 번, 저희는 학생들의 연주회를 마련하여 젊은 음악가들이 호의적인 관중들 앞에서 공연하는 기회를 갖게 합니다. 여러분 자녀가 이런 연주회에 참가할 준비가 되었다고 생각되면, 여러분께 알려드릴 것이고, 연주회에 초대할 것입니다. 이러한 음악회는 또한 학교 밖에서 악기를 배우는 학생들에게도 기회가 열려있습니다.

오케스트라/악단 악기의 경우, 저희가 보기에 학생들이 준비가 되었다고 생각이 들면 곧 학교 합주단의 한 곳에 입단될 것입니다. 이것은 음악 교육의 중요한 부분이며, 자녀가 학교 생활에 기여할 수 있는 귀중한 방법입니다. 합주단은 학교(조회와 음악회에서)와 외부(지역 기관 방문)에서 공연을 하며 참여하는 모든 학생들은 이런 활동들이 가져다 주는 즐거움과 성취감에 대해 이해하게 됩니다. 자녀들이 학교 음악 활동에 참여할 수 있도록 격려하고, 그들이 방과후 연습도 가능하도록 함으로써 저희를 지원해 주십시오.

만일 올해 악기를 배우기 원하신다면 참가 양식을 작성하시어 음악부장에게 제출하시기 바랍니다. 담당 교사가 적당한 교습 시간을 짜기 위해서 귀하에게 직접 연락드릴 것입니다.

Complete the following sentences using NO MORE THAN THREE WORDS.
세 단어 이내로 다음 문장을 완성하십시오.

12. The youngest age that children can have piano lessons is _____7(seven)_____

피아노 교습을 받을 수 있는 가장 어린 나이는 7살 이다.

13. Cheques should be made payable to the the teacher or the music instructor

개인 수표가 발행되어야 하는 곳은 선생님/음악선생님 이다.

14. The cost for hiring an instrument for 6 months is $_____75_____

6개월 동안 악기를 대여하는 비용은 75 불입니다.

15. If an instrument gets damaged, the student is responsible for the repair charges

만일 악기가 손상될 경우, 학생이 책임져야 하는 것은 수리비용 입니다.

16. If you wish to purchase an instrument, _____the music staff_____ will be happy to help you.

만일 악기 구입을 원한다면 당신을 기꺼이 도울 사람은 음악 교직원 입니다.

Choose the letter A~E that you believe best fits the question.
가장 알맞은 답을 주어진 답안지 A~E에서 선택하시오.

17. According to the speaker, which of the following is on the student's green card?

A. their class teacher
B. the time of his/her lesson
C. the time to leave class
D. the date of the lesson
E. the musical instrument

화자에 따르면, 다음 중 어느 것이 학생의 녹색카드에 기재됩니까?
A. 학생의 담임선생님
B. 교습 시간
C. 교실을 떠나야 하는 시간
D. 교습 날짜
E. 연주 악기
정답 | B

18. What is the voicemail number for the Music Department?

A. 102
B. 126
C. 860
D. 826
E. 802

음악과의 음성 메일은 몇 번입니까?
A. 102
B. 126
C. 860
D. 826
E. 802
정답 | D

19. What does the speaker say parents should give to all children who are learning a musical instrument?

A. support
B. supervision
C. practice
D. money
E. lessons

화자는, 부모님이 악기를 배우는 모든 아이에게 무엇을 해줘야 한다고 합니까?

A. 지원
B. 감독
C. 연습
D. 돈
E. 교습

정답 | A

20. When is the minimum time after which you can cancel your lessons?

A. after one year
B. after an extended period of time
C. one year after giving notice to the teacher
D. four weeks after giving notice to the teacher
E. five weeks after giving notice to the teacher

최소한 어느 정도 시간이 지난 후에 교습을 취소할 수 있습니까?

A. 1년 후
B. 연장기간이 지난 후
C. 선생님께 통보를 한 후 1년
D. 선생님께 통보를 한 후 4주
E. 선생님께 통보를 한 후 5주

정답 | D

21. What does the speaker describe as benefits for the students from ensemble playing?

A. helping the community
B. a sense of achievement
C. sympathy from the audience
D. extra practice
E. improving their skills

화자는 합주에서 학생들이 얻는 이점을 무엇이라고 설명했나요?

A. 지역사회 돕기
B. 성취감
C. 관객으로부터 공감
D. 추가적인 연습
E. 연주 기술의 향상

정답 | B

🎧 script ──

Mr. Smith: Shh, Quiet everybody. The first presentation today will be from Lucy and Michelle. Are you ready to start Lucy?

Lucy: Yes.

Mr. Smith: Right, now can you please tell me a bit about the study you undertook?

Lucy: Yes, we worked with the owner of the Yummy Sushi Company to see what forms of promotion were effective for him.

Mr. Smith: How did you do this?

Lucy: Firstly we had a week with no promotion. During that week we measured a couple of things, firstly the number of customers who were regular visitors throughout the week and secondly, the popularity of each type of sushi. Then we introduced our advertising
    Q22
and measured the effect that the advertising had on the sales.

Mr. Smith: OK, now Michelle, can you please let me know some background to the company?

Michelle: Yes, sure. The Yummy Sushi Company opened 6 months ago in a small shop on the High street. The owner, Mr. Ok, took the company over last month.

Mr. Smith: How profitable is the company?

Michelle: The company is making a profit but Mr. Ok has grand plans to open several branches. He had two goals from our research, firstly to discover the best way to attract more customers to his High Street store and build his profit margin and secondly, some effective ways to attract new customers to his potential branch stores.
    Q23

Mr. Smith: So what did you recommend?

Michelle: We discussed Mr. Ok's marketing budget and talked about several options. Our first idea was to create a flyer with seven different coupons on it. The coupons were for each day of
    Q24
the week and were offering different special deals.

Mr. Smith: What were you hoping to do with this?

Lucy: Can I answer this, since it was my idea?

Mr. Smith: Certainly.

Lucy: Well, firstly we looked at the costs of producing the different types of sushi. Since each type of sushi costs the same, we wanted more people to buy the ones that cost less to
    Q25
produce. Mr. Ok also had some ideas for new sushi types so we took the chance to advertise these on the coupon.

───

Mr. Smith: OK, now Michelle, what were your findings from the first week?

Michelle: Well firstly we asked customers to fill in a form when they bought the sushi. At the end of the week we looked at all the forms to determine how many people visited the sushi shop just once and how many were regular visitors.

Mr. Smith: What were the findings?

Michelle: Well, we found that <u>72% of the customers in the first week only visited the store once. The other 28% were regular customers who visited twice or more.</u>
Q26

Mr. Smith: And what else did you find out?

Lucy: Mr. Ok produces four types of Sushi which are salmon, chicken, tuna and vegetarian. We recorded what each customer bought to figure out which was the most popular type. We found that <u>40% of customers bought the Chicken sushi, 33% bought the salmon, 22% bought Tuna and just 5% bought vegetarian.</u> Q27

Mr. Smith: What did Mr. Ok think of these findings?

Michelle: He was very interested, he wanted us to think of ways to encourage more people to come into the store regularly and he wanted to make the Tuna and vegetarian sushi more popular as these are cheaper for him to produce.

Mr. Smith: OK and why did you choose vouchers?

Lucy: Well, I thought that by giving people 7 different vouchers for each day it would encourage them to come into the shop more than once. I also thought that we could use this to give people the opportunity to try the other types of sushi that Mr. Ok makes.

Mr. Smith: Ok what did you find?

Michelle: Well on the Monday we had a buy one sushi get another half price special. We found that most people bought the same type of sushi that they usually purchased. The main purpose was to get lots of regular customers through the door.

Mr. Smith: Did that work?

Lucy: Yes it did. <u>The sales increased by 40% on Monday.</u>
Q28

Mr. Smith: OK, how about Tuesday?

Michelle: On Tuesday, we had a special offer for people to buy vegetarian sushi. If people bought 5 pieces of vegetarian sushi they could get a free drink.

Mr. Smith: What effect did that have on sales?

Michelle: Well, it improved the sales of vegetarian sushi. By our measure, <u>vegetarian sushi accounted for a quarter of the sales on that day.</u>
Q29

Mr. Smith: What was your next idea?

Lucy: On Wednesday we had a special offer for a new product, crab sushi. People could buy a piece of crab sushi for 30c, or about one-third of the normal price. We found that a lot of people liked that idea, on that day <u>two thirds of sales were for crab sushi.</u> A lot of people
Q30
commented that they thought the crab sushi was delicious so Mr. Ok decided to make it a permanent part of the menu.

Mr. Smith: That's interesting. Did you find that customers came to the shop more often?

Michelle: Yes we did. For that week we measured the number of repeat customers. <u>81.2% of the customers, who visited on Monday, came again</u> on Tuesday and/or Wednesday.
Q31

Mr. Smith: Well, I'm sure Mr. Ok would have been happy with your findings. Thank you very much. Now for the next presentation.......

미스터 스미스 : 조용히, 여러분 조용히 하세요. 오늘은 루시와 미셸이 처음으로 발표를 할 것입니다. 루시 시작할 준비가 되었니?

루시 : 예.

미스터 스미스 : 좋아요. 자, 연구한 것에 대해 좀 설명해 줄 수 있겠니?

루시 : 예, 저희는 여미 초밥 회사 사장님과 함께 어떤 형태의 광고가 효과적인지 알아보는 연구를 했습니다.

미스터 스미스 : 어떻게 했는데?

루시 : 우선, 저희는 한 주간은 광고를 하지 않았습니다. 이 기간 동안에 두 가지를 조사했는데, 첫 번째 그 주의 단골 손님의 숫자와 두 번째 초밥의 종류별 인기도였습니다. 그런 후 저희는 광고를 시작해서, 그 광고가 판매에 미치는 효과를 측정했습니다.

미스터 스미스 : 좋아. 미셸, 그 회사에 대해 몇 가지 예비지식을 알려 줄 수 있겠니?

미셸 : 예. 그렇게 하겠습니다. 여미 초밥 회사는 6개월 전에 하이 스트리트에 작은 가게를 열었습니다. 회사 주인인 옥 선생님이 지난 달 그 회사를 인수했습니다.

미스터 스미스 : 회사의 수익은 어땠지?

미셸 : 회사는 수익을 내고 있지만 옥 선생님은 여러 군데에 지점을 열려는 큰 계획을 가지고 있습니다. 그는 두 가지 목적을 가지고 조사를 했는데, 첫 번째는 하이 스트리트 가게에 더 많은 고객을 끌어들이는 가장 좋은 방법을 찾아 판매 수익을 창출하는 것이고 두 번째, 그가 열려고 하는 지점에 새로운 고객을 끌어들이는 효과적인 방법을 찾는 것이었습니다.

미스터 스미스 : 그래서 어떤 것을 추천했지?

미셸 : 저희는 옥 선생님과 영업 예산에 대해 상의하고 몇 가지 방법을 논의했습니다. 저희의 첫 번째 안건은 7가지 다른 우대권이 있는 광고전단을 만드는 것이었습니다. 우대권은 요일 별로 다른 특별 판매를 제시하였습니다.

미스터 스미스 : 그렇게 하면서 어떤 것을 기대했지?

루시 : 제 생각이었으니, 제가 대답해도 되겠습니까?

미스터 스미스 : 물론이지.

루시 : 음, 우선 다양한 종류의 초밥을 만드는 경비를 살펴보았습니다. 종류가 달라도 초밥 값이 같기 때문에, 저희는 고객이 비용이 적게 드는 초밥을 사길 바랐습니다. 옥 선생님은 새로운 종류의 초밥에 대한 생각도 갖고 있어서 우대권에 그것을 광고하는 기회로 삼았습니다.

미스터 스미스 : 좋아요, 미셸, 첫 번째 주간에 얻은 결과가 무엇이지?

미셸 : 음, 우선 저희는 손님들이 초밥을 살 때 양식을 작성하도록 했습니다. 주말에 저희는 가게에 한 번 방문한 손님 숫자와 단골 손님 숫자를 파악하고자 모든 서식을 살펴보았습니다.

미스터 스미스 : 결과가 어땠지?

미셸 : 음, 첫 주 고객의 72%가 가게를 한 번 방문했다는 것을 알았습니다. 나머지 28%는 두 번 이상 방문한 단골 손님이었습니다.

미스터 스미스 : 그 밖에 다른 것도 알아냈나?

루시 : 옥 선생님은 연어, 닭고기, 참치 그리고 야채로 4가지 종류의 초밥을 만듭니다. 어떤 것이 가장 인기 있는 품목인지 알기 위해 각 고객들이 구매하는 것을 기록했습니다. 저희는 40%의 고객이 닭고기 초밥을, 33%는 연어 초밥, 22%는 참치 초밥과 단지 5%만이 야채 초밥을 구매하는 것을 알았습니다.

미스터 스미스 : 이 결과에 대해 옥 선생님은 어떻게 생각했지?

미셸 : 그는 매우 흥미로워 했어요, 저희에게 더 많은 고객들이 정기적으로 가게에 오도록 하는 방법을 생각하도록 했고, 더 저렴하게 만들 수 있는 참치와 야채 초밥이 더 인기를 끌게 하기를 원했습니다.

미스터 스미스 : 좋아요 그리고 왜 우대권을 생각했지?

루시 : 음, 저는 일곱 가지 매일 다른 우대권을 손님들에게 제공하면 그들이 가게에 한 번 이상 방문하도록 할 수 있다고 생각했습니다. 또한 저희는 그들에게 우대권을 사용하여 옥 선생님이 만든 다른 종류의 김밥을 사 보도록 하는 기회를 제공할 수 있다고 생각했습니다.

미스터 스미스 : 좋아요. 어떤 결과를 얻었지?

미셸 : 음, 월요일에 저희는 한 품목을 구매하면 다른 품목은 절반 가격으로 살 수 있는 특별행사를 가졌습니다. 대부분의 사람들이 늘 사는 초밥만 산다는 것을 알았거든요. 주요 목적은 가게를 찾는 많은 단골을 확보하는 것이었습니다.

미스터 스미스 : 효과가 있었나?

루시 : 예 그렇습니다. 월요일에 판매가 40% 가량 증가했습니다.

미스터 스미스 : 응, 화요일은 어땠지?

미셸 : 화요일에 저희는 야채 초밥을 사는 사람들에게 특별 제공을 했습니다. 야채 초밥 5개를 사면 음료수를 공짜로 주었습니다.

미스터 스미스 : 그렇게 하면서 판매에 어떤 효과가 있었지?

미셸 : 음, 야채 김밥의 판매가 늘었습니다. 우리 계산으로는, 그날 판매의 1/4정도가 야채 김밥이었습니다.

미스터 스미스 : 다음 생각은 무엇이었지?

루시 : 수요일에 저희는 새로운 상품인 게맛살 김밥을 특별 판매했습니다. 게맛살 김밥을 평상시 가격의 1/3에 해당하는 30센트에 구매할 수 있도록 했습니다. 저희는 사람들이 그런 구매 방식을 좋아한다는 것을 알았고, 그 날 판매량의 2/3가 게맛살 김밥이었습니다. 많은 사람들이 게맛살 김밥이 맛있다고 말해 옥 선생님은 그걸 정식 메뉴로 결정하였습니다.

미스터 스미스 : 흥미롭군. 사람들이 더 자주 가게에 왔나?

미셸 : 예 그랬습니다. 그 주 동안 반복적으로 오는 손님 수를 계산했습니다. 월요일에 방문한 손님 중 81.2%가 화요일과 혹은 수요일에 다시 왔습니다.

미스터 스미스 : 음, 옥 선생님이 결과에 만족하였으리라 생각이 드네. 수고했네. 이제 다음 발표는....

Questions 22~25
Complete the following sentences using NO MORE THAN THREE WORDS.
세 단어 이내로 다음 문장을 완성하시오.

22. In the first week the students measured the number of regular customers and how popular type of sushi.

첫 주에 학생들은 단골 손님 숫자와 초밥 종류에 따른 인기도를 평가하였습니다.

23. Mr. Ok's goals for the High Street store were to build his profit margin and to attract new customers.

하이 스트리트 상점에 대한 옥 선생님의 목적은 판매 수익을 창출하고 새로운 고객을 유치하는데 있습니다.

24. The students decided that Mr. Ok should advertise using a flyer with (seven) coupons.

학생들은 옥 선생님이 우대권으로 광고해야 한다고 결정했습니다.

25. Mr. Ok wanted people to buy the types of sushi that cost less to produce.

옥 선생님은 사람들이 생산비가 적게 드는 형태의 초밥을 구매하기를 원했습니다.

Questions 26~29

26. Study the pie graphs below and choose the one that best shows the breakdown of the number of times that customers visited.

아래 원그래프를 보고 고객이 방문한 횟수의 내역을 가장 잘 나타낸 것을 고르시오.

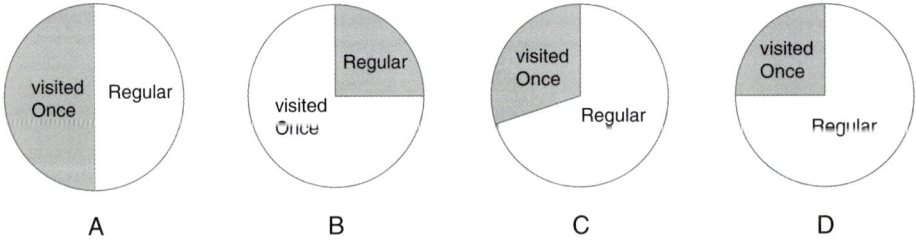

A   B   C   D

정답 | B

27. Study the pie graphs below and choose the one that best shows the most popular types of sushi.

아래 원그래프를 보고 가장 인기 있는 초밥 종류를 가장 잘 나타낸 것을 고르시오.

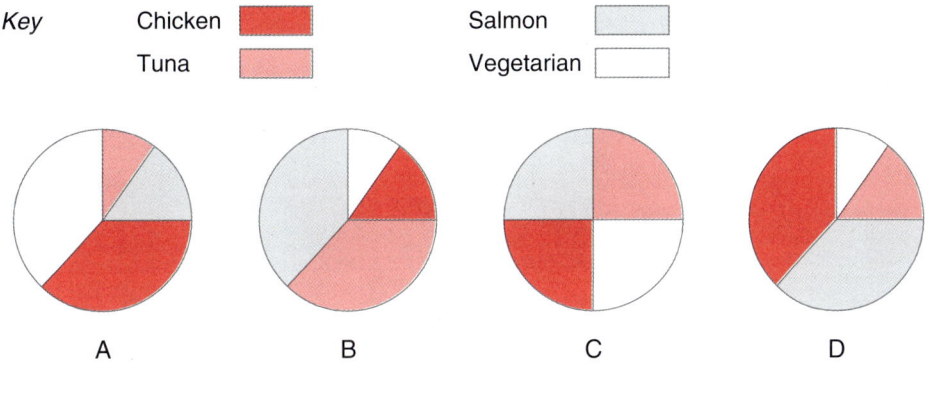

정답 | D

28. Study the line graphs below and choose the one that best shows the change in sales on Monday.

아래 막대그래프를 보고 월요일 판매의 변화를 가장 잘 나타낸 것을 고르시오.

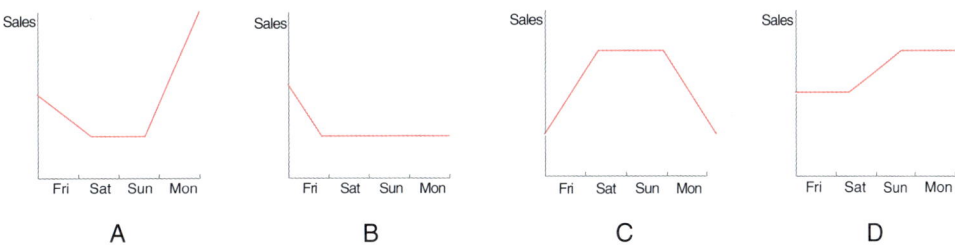

정답 | A

29. Study the pie graphs below and choose the one that best shows the proportion of vegetarian sushi sales on Tuesday.

아래 원그래프를 보고 화요일 야채 초밥 판매량을 가장 잘 나타낸 것을 고르시오.

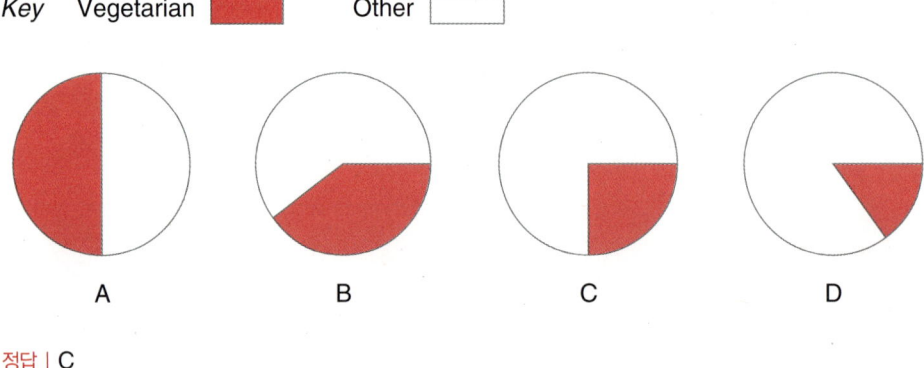

Key Vegetarian ▮ Other ▯

A   B   C   D

정답 | C

Questions 30 and 31
Use a NUMBER to complete the following sentences.
숫자를 사용하여 아래 문장을 완성하시오.

30. 2/3 of Wednesday's sales were for crab sushi
수요일 판매량의 2/3 가 게 맛살 초밥이었습니다.

31. 81.2% of the customers visited more than once during the week.
이 한 주간 동안 한 번 이상 방문한 고객은 81.2%였습니다.

SECTION 4 *Questions 32~40*

 script ──

Professor:

Good morning everybody, for this lesson I will be introducing you all to Business Plans. Writing a Business Plan is a vital for the success of any business and can be useful even for established companies who need to re-focus on their goals.

The first part of the plan is the Executive Summary. This basically summarizes all the key points contained within the document. When writing your Business Plan you should write the Executive Summary last as this must draw all the key points together. An Executive Summary is used for easy reference for people wanting to review the plan or someone with only mild interest who wanted to know a little about the plan. As a result the person writing the Executive Summary must consider the
                                                                    Q32
potential audience when they are composing the summary. For example, a plan intended for the bank will need detailed information about the company's background on it whereas a plan intended for the company's own staff will highlight the goals that the plan is hoping to achieve.

Moving on from the Executive Summary to the meat of the plan, the first part of the plan will be the background. This again varies with the audience. If the audience is outside the company this will include details of the company's founding and core business competencies, for an internal plan this will provide an overview of the current situation. Very often the business plan will start with a Mission Statement, which is a one sentence summary of what the business stands for and what it
                                          Q33
hopes to achieve. The Mission Statement is designed to remind employees and management what goals they should be pursuing and what purpose the business has. If writing for an outside audience the rest of the background would consist of the numbers of staff, the history of the company since it was founded and some details regarding the experience of the management team.

The next step is the Marketing Plan. Marketing Plans are designed to establish several things, primarily to establish who the customers are and how to sell to them. The Marketing Plan section should therefore firstly provide some information about the product idea that you have. Following
                              Q34
this should be details of who you are planning to sell this product/ service to. The third step is to forecast the amount of revenue that will be generated by the project. The revenue section should be thoroughly researched and all figures given should have a rationale behind them. It is not a good idea to just dream up figures as in the real world, unrealistic figures can lead to a company failing. It is
                              Q35
better to give a conservative estimate to avoid disappointment. To assist you with reaching your revenue targets, the next section outlines the marketing goals that you hope to achieve. These goals may involve research, product redevelopment or building contacts.

Now we move on to the third section of your Business Plan, which is the Operational Plan. The difference between this part of the plan and the marketing section is that the marketing section focuses on what needs to be achieved and the Operational Plan covers what needs to be done in order to achieve these goals. If required, this section should begin with the current state of the business with reference to the staffing and product lines. Following this, regardless of whether the business exists or not, the plan should identify the research and development that will need to be done prior to the implementation of the plan. This can involve, for example, testing new products. After the research

Q36

section is covered the plan should then cover what needs to be done to the business to put the Marketing Plan and the research results into practice.

Following this, the Business Plan should next move on to the Financial Plan. Start this section off with details of the current financial status of the business. This should involve details of the current

Q37

debt situation with details of the loans that the business has and the current investment situation which details the people who have already invested in the business and/ or the owners of the business. Once the current situation is explained the Financial Plan should then move onto the additional funding requirements for the project that has been described in the earlier sections. Following this the section should then look at potential sources of the additional funding, be they additional debt or re-financing from the bank or investment input from the current ownership or outside investors or potential 'Angel Investors'. For those of you unfamiliar with the term angel investors, an Angel Investor is a person who comes in and invests money in a company which is about to cease operations

Q38

due to a lack of funds. The angel thus saves the company from bankruptcy or foreclosure, earning the sobriquet 'angel'. Back to the topic, once potential sources of funding have been looked into, the plan should then examine the bottom line. This should involve financial forecasts into the future indicating the difference that the changes are going to make to the profitability of the company. Overall, while it is not necessary for the changes to turn over a profit in the first year, it is very important that, over time, the changes will deliver a net gain to the business' finances.

Q39

The last section should be the Decision Making Criteria. This should feature the criteria used for deciding whether to go ahead with the plan or not. An example of what this section should hold is a Cost - Benefit Analysis which basically outlines what would be good about keeping with the status quo and compares it to what will be good about embarking on the new project. For a new business,

Q40

the Decision Making Criteria should focus on potential returns. Once you have completed the Decision Making Criteria, you should summarise all the points made in a one page Executive Summary as outlined at the beginning of the speech to complete the plan.

Thank you for listening, I hope this will assist you in writing your own Business plans.

··

교수 :

안녕하세요 여러분, 이 수업을 통해, 저는 여러분에게 사업계획서에 관해 소개하고자 합니다. 사업계획서의 작성은 어떤 사업이든 성공을 위해 필수적이며 목표에 재 집중해야 하는 기존 회사에도 유용할 수 있습니다.

사업 계획서의 첫 부분은 사업계획서 요약문입니다. 이것은 기본적으로 사업 계획서에 포함된 모든 주요요소를 요약한 것입니다. 사업 계획서를 작성할 때, 사업계획서 요약문은 모든 요소를 다 기술해야 하므로 마지막에 작성해야 합니다.

사업계획서 요약문은 사업 계획을 점검하고자 하는 사람이나 사업 계획에 대해 약간 알고 싶어 하는 사람에게 쉬운 참고 자료로 사용됩니다. 결과적으로 사업계획서 요약문을 작성하는 사람은 요약문을 작성할 때 누가 읽을 것인지를 반드시 고려해야 합니다. 예를 들면, 은행에 제출하기 위한 사업 계획은 회사에 대한 기초적이고 구체적인 정보가 필요한 반면 회사 자체 직원을 대상으로 하는 개요는 그 사업이 달성하고자 하는 목표를 부각시켜야 할 것입니다.

이야기를 사업계획서 요약문에서 사업계획서의 중요부분으로 돌려 봅시다. 사업계획서의 첫 부분은 회사에 관한 기초 사항이 될 것입니다. 이것 역시 누가 볼 것이냐에 따라 달라집니다. 만일 회사 외부에 있는 사람이 대상일 경우, 회사 설립과 주력 사업 능력에 관한 구체적인 사항들을 포함해야 하는 반면, 회사 내부용은 현재 상황에 관한 개략이 담겨야 합니다. 대개 사업 계획서는 기업의 대표사업이 무엇이고 성취해야 할 목표가 무엇인지를 한 문장으로 요약해 놓은 사명(使命) 선언으로 시작합니다. 사명선언은 직원과 경영진에게 그들이 추구해야 할 목표와 사업의 목적을 환기시키기 위해 만들어집니다. 만일 회사 외부를 대상으로 작성 할 경우에는 나머지 부분에 직원 수, 설립 이래의 회사 연혁, 경영진의 경력에 관한 구체사항이 포함될 것입니다.

다음 단계는 마케팅 계획입니다. 마케팅 계획은 주로 고객이 될 계층과 고객을 상대로 하는 판매 방법에 관한 여러 가지 사항들도 구성됩니다. 그러므로 마케팅 계획 부분은 우선적으로 그들이 가지고 있는 상품 아이디어에 대한 정보를 제공해야 합니다. 두 번째 이 상품/용역을 판매하고자 하는 대상에 관한 구체사항이 따라야 합니다. 세 번째 단계는 사업이 창출할 수익을 예상하는 것입니다. 수익 부문은 철저하게 조사되어야 하며 제시되는 모든 수치들은 타당한 근거를 가지고 있어야 합니다. 비현실적인 수치는 현실 세계에서 사업 실패를 초래할 수 있으므로, 수치를 상상해 내는 것은 좋은 생각이 아닙니다. 실망하지 않도록 신중한 예상치를 제시하는 것이 더 좋습니다. 예산 목표에 도달하기 위해 당신이 해야 할 다음 단계는 성취하고자 하는 마케팅 목표의 윤곽을 잡는 것입니다. 이 목표에는 조사나 상품 재개발 혹은 고객과 관계 설립이 포함됩니다.

이제 사업 계획서의 세 번째 부분인 운영계획으로 주제를 옮깁시다. 이 계획과 마케팅 분야간의 차이점은, 마케팅 분야가 성취되어야 하는 것에 중점을 두고 있는 반면, 운영계획은 이 목표를 달성하기 위해서 해야 하는 일을 포함합니다. 필요하다면, 이 분야는 직원 현황과 제품 라인에 관계된 사업현황으로 시작해야 합니다. 그 다음엔, 이미 존재하는 사업이든 아니던 간에, 사업의 실행에 앞서 이루어져야 할 조사와 개발에 대해 밝혀야 합니다. 이것은, 예를 들면, 새로운 상품을 시험하는 것이 포함될 수 있습니다. 조사 부분이 다뤄지고 나면, 마케팅 계획과 그 조사 결과를 실행에 옮기기 위해 이루어져야 할 일에 대해 다루어야 합니다.

이 다음에, 사업 계획서는 재무계획으로 옮겨갑니다. 이 분야는 사업의 경제적인 현재 상황에 관한 구체적인 것들로 시작하십시오. 이것은 기업이 받은 대출에 대한 상세한 사항을 포함한 현재의 채무상황과, 이미 사업에 투자한 사람들 혹은 기업주에 관해 자세히 밝힌 투자현황을 포함해야 합니다. 현재 상황을 설명하고 나면, 재무계획은 이 전 부분들에서 언급된 사업 계획추진에 따른 추가 자금 필요분으로 옮겨져야 합니다. 다음 단계는 추가로 빚을 진다던가, 은행으로부터의 자금 보충, 현 기업주 혹은 외부 투자자로부터의 투자, 가능성 있는 '천사 투자자' 등, 추가 자금을 얻을 수 있는 방법을 살펴보아야 합니다. '천사 투자자'라는 용어에 익숙하지 않은 분들을 위해 설명하자면, '천사 투자자'란 자본 부족으로 인해 문을 닫아야 하는 회사에 참여하여 자본을 투자하는 사람을 말합니다. 그래서 천사는 파산 혹은 압류에서 회사를 구하게 되어 '천사'라는 별명이 붙여졌습니다. 주제로 다시 돌아가서, 가능성 있는 자금 출처가 고려되고 나면, 손익을 검토해야 합니다. 이것은 이런 변화들이 회사의 수익률에 가져 올 차이를 보여주는, 미래까지의 재정 예측을 포함해야 합니다. 종합적으로, 이런 변화들이 첫 해에 반드시 이익을 내야 하는 것은 아니지만, 시간이 지나면서, 회사 재정에 순이익을 가져다 주는 것이 아주 중요합니다.

마지막 분야는 의사 결정기준입니다. 이것은 계획을 계속해서 밀고 나갈지 말지에 대한 결정에 사용되는 기준을 보여주어야 합니다. 이 분야에 포함되어야 하는 것 중 하나는 비용편익 분석으로, 기본적으로 현 상태를 유지시킬 때의 좋은 점을 기술하고, 새로운 계획을 착수할 때의 좋은 점과 비교하는 것입니다. 새로운 사업의 경우, 의사 결정기준은 잠재적인 수익에 초점을 두어야 합니다. 의사 결정기준 부분을 완성하고 나면, 사업계획서를 완성하기 위해, 오늘 강의 첫 머리에서 말씀 드린 대로, 한 페이지짜리 사업계획서 요약문으로 모든 사항을 요약해야 합니다.

경청해 주셔서 감사합니다. 이 강의가 여러분의 사업 계획을 작성하는 데 도움이 되길 바랍니다.

Questions 32~36

Answer the following questions USING NO MORE THAN THREE WORDS.
세 단어 이내로 다음 문제에 답하시오.

32. Who should the person writing an Executive Summary consider when composing it?
   the (potential) audience

사업계획서 요약문을 작성할 때 고려되어야 할 사람은 누구입니까?

정답 | 잠재 고객

33. A Mission Statement is a one sentence summary of what the business stands for and what it
   hopes to achieve .

사명선언은 회사의 대표사업과 추구하여야 할 목표 가 무엇인지에 대해 한 문장으로 요약해 놓은 것입니다.

34. The first part of the Marketing Plan should have information on what the (product) idea .

마케팅 계획의 첫 부분은 상품 아이디어 에 대한 정보를 포함해야 합니다.

35. What problem can dreaming up figures in the revenue section cause?

수익부문에서 수치를 상상해서 만들어 내는 것은 어떤 문제를 일으킬 수 있습니까?

정답 | Company failure OR Business failure.
      사업 실패

36. What is the given example of research and development in the Operational Plan?

운영계획에서 조사와 개발의 예로서 주어진 것은 무엇입니까?

정답 | Testing new products.
      새로운 상품을 시험

Questions 37~40

Complete the following sentences using NO MORE THAN THREE WORDS.

3단어 이내로 다음 문장을 완성하시오.

37. The Financial Plan should be started with details of the current <u>financial status</u> of the business.

재무 계획은 회사의 현 <u>재무 현황</u>에 대한 자세한 사항들로 시작해야 합니다.

38. An 'Angel Investor' puts money into a company that is about to close due to a <u>lack of funds</u>.

'천사 투자가'는 <u>자금 부족</u>으로 인해 문 닫기 직전의 회사에 자금을 투입합니다.

39. Over time, it is important that the changes deliver <u>a net gain</u> to the business' finances.

시간이 지남에 따라, 그 변화들이 회사 재정에 <u>순이익</u>을 가져다 주는 것이 중요합니다.

40. A <u>Cost-benefit analysis</u> compares the benefits of keeping the status quo to the benefits of the new project.

<u>비용 편익 분석</u>은 현 상태 유지의 이점과 새로운 계획의 이점을 비교합니다.

TEST
04

IELTS PRACTICE TEST 05

1	4	22	C
2	(Two) Sand traps	23	D
3	Easy	24	D
4	D : a pond	25	H
5	A : sand traps	26	I
6	B	27	A
7	D	28	B
8	A	29	D
9	a factory	30	C
10	D	31	A
11	purchase a computer	32	A
12	a registration number	33	D
13	a (secret) password	34	D
14	to contact with	35	B
15	387	36	C
16	Copy software	37	B AND E
17	For playing games	38	
18	think of others	39	B
19	sending e-mails	40	A
20	not to open		
21	C		

🎧 script ───

Sandy: Hi Chris, How are you doing?

Chris: I'm fine thanks. Have you seen this note from the school?

Sandy: Oh yes, I thought that the golf tournament looked interesting.

Chris: So, are you keen to play?

Sandy: Well, I haven't played golf for years but I've heard it's a good chance to get to know some of the other parents.

Chris: Yes, it definitely is. I played two years ago and made some good friends out of it.

Sandy: Do you know about the course?

Chris: Yes I've had a look at some of the holes, what about you?

Sandy: I didn't get to go but I asked Sam about the course and he says he remembers a few holes.

Chris: That's good. What does he remember?

Sandy: Well he says that Hole 1 is fairly easy, there are no significant hazards and the hole is fairly straight.

Chris: What is the par for that hole?

Sandy: He says it is a par 4.
                     <u>Q1</u>

Chris: At least it is an easy start.

Sandy: Yes, he also remembered a bit about Hole 4. Apparently it is very difficult as there are <u>two sand traps</u> on the left hand side.
            <u>Q2</u>

Chris: Is the hole straight?

Sandy: No, he told me that it turns to the right. It's very long too, a par 5.

Chris: I've had a look at a couple of the holes too.

Sandy: Really, which ones?

Chris: Well I looked at Hole 9, fortunately <u>it's quite simple</u>. It's a bit hilly but otherwise is a straight
                                          <u>Q3</u>
par 3.

Sandy: That sounds easy, are there any hard ones?

Chris: There sure are, Hole 11 has a nasty <u>water hazard</u> right at the beginning. Apparently a lot of
                                      <u>Q4</u>
people have lost their ball in <u>the pond</u> there.
                                <u>Q4</u>

Sandy: Oh no, I hope that one is par 5.

Chris: Unfortunately not, it is a par 4.

Sandy: That sounds very difficult.

Chris: That's not the only difficult hole. Hole 16 is also a particularly tricky hole. It's a par 5 and the hole has <u>three sand traps</u> surrounding it. Not only that, there is a nasty turn to the left and
                     <u>Q5</u>
because of this you can't clearly see where the hole or the sand traps are.

Sandy: Oh dear, I think I have to practice for that one.

Chris: I think I will have too as well, just so I know where to hit the ball.

샌디 : 안녕 크리스, 잘 지냈어?

크리스 : 응 고마워. 학교에서 온 편지를 봤니?

샌디 : 응, 골프 경기가 흥미 있으리라고 생각했어.

크리스 : 그래서, 정말 골프를 하려는 거야?

샌디 : 음, 오랫동안 골프를 치지 않았지만 다른 부모님들을 알게 되는 좋은 기회라고 들었어.

크리스 : 응, 그거야 그렇지, 나는 2년 전에 골프를 했고 그러면서 몇 명의 친구를 사귀었어.

샌디 : 골프 코스에 대해 알고 있어?

크리스 : 응. 몇 홀은 본 적이 있어, 너는?

샌디 : 나는 가보지 않았지만 샘에게 코스에 대해 물어 봤더니 몇 홀을 기억한다고 말했어.

크리스 : 잘 됐네. 무엇을 기억한다고 하니?

샌디 : 음, 1번 홀은 아주 쉬운 편이라고 해. 특별한 장애물이 없고 꽤 곧게 펼쳐진 홀이라고 하던데.

크리스 : 그 홀은 몇 개를 쳐야 파가 되지?

샌디 : 파 4라고 해.

크리스 : 최소한 시작은 쉽겠군.

샌디 : 응, 그는 또한 4번 홀에 대해서도 조금 기억하고 있던데. 왼쪽 옆에 두 곳의 모래 구덩이가 있어서 정말 어렵대.

크리스 : 곧게 뻗어 있는 홀이야?

샌디 : 아니, 오른 쪽으로 돌아가는 홀이라고 말했어. 아주 길다고 해. 파 5홀이래.

크리스 : 나도 몇 개의 홀은 돌아 본 적이 있어.

샌디 : 정말, 어떤 홀인데?

크리스 : 음. 9번 홀을 봤어, 다행히 매우 단순한 홀이야. 약간 언덕이지만 곧게 뻗은 파 3홀이야.

샌디 : 쉬워 보이네. 다른 어려운 홀도 있지?

크리스 : 물론이지. 11번 홀은 처음 시작부분에 까다로운 연못 장애구역이 있어. 확실히 많은 사람들이 거기 연못에 볼을 잃어버린다니까.

샌디 : 오, 안 되는데, 그 홀이 파 5면 좋겠다.

크리스 : 불행히도 아니야, 파 4야.

샌디 : 상당히 어렵겠군.

크리스 : 그것만이 어려운 홀이 아니야. 16번 홀도 특히 까다로운 홀이야. 파 5인데 홀 주변에 모래 구덩이가 세 군데 있어. 그뿐 아니라, 심하게 왼쪽으로 돌아가는 홀이어서 어디가 홀인지 모래 구덩이인지 확실하게 볼 수가 없어.

샌디 : 아이쿠 맙소사, 그 홀은 반드시 연습을 해야겠네.

크리스 : 나도 연습을 해야 한다고 생각해, 그래야 어디로 볼을 쳐야 할지 알거든.

Sandy: Hi Chris, have you made it to the course yet?

Chris: Yes I'm here, how far away are you?

Sandy: Well, actually I was ringing to see if you could please help me get there. I'm lost.

Chris: Yes, I should be able to direct you. Where abouts are you?

Sandy: Well I'm not sure. I'm next to a post office and opposite the park.

Q6

Chris: I think I know where you are, is there a roundabout ahead of you?

Sandy: Yes I can see a roundabout ahead.

Chris: Well, can you go right around the roundabout so you are facing the way you came.

Q7

Sandy: Am I facing the wrong way?

Chris: Well yes, but you can turn around at the roundabout easily.

Sandy: OK where do I need to go from there?

Chris: Well you stay on that road until you reach some traffic lights. At the lights you need to turn right.

Sandy: OK, got that.

Chris: Once you have turned right at the traffic lights you need to <u>turn left onto the first road after</u>
Q8
<u>the bridge.</u>

Sandy: After the bridge, OK. Oh yes, I can see that.

Chris: Right, now you should look for the railway station, <u>it will be on your right. There is a factory</u>
<u>in front of it, I think.</u> Can you see it?
Q9

Sandy: Yes there it is.

Chris: Take the first right after the railway station and the golf course is just across the tracks.
Q10

Sandy: Thanks a lot, I can see it now.

Chris: My pleasure, see you soon.

샌디 : 안녕, 크리스, 골프장에 도착했니?

크리스 : 응, 왔어, 얼마나 있으면 도착할 것 같은데?

샌디 : 음, 사실은 네가 그곳에 도착하도록 도와줄 수 있는지 알기 위해서 전화한 거야. 길을 잃어버렸거든.

크리스 : 응, 내가 알려 줄 수 있을 것 같은데. 어디쯤이야?

샌디 : 음, 확실하지가 않아. 우체국 옆이고 공원 건너편인데.

크리스 : 네가 어디에 있는지 알 것 같다, 너 앞에 라운드어바웃(원형교차로)가 있지?

샌디 : 응. 앞에 라운드어바웃가 있어.

크리스 : 음, 라운드어바웃를 돌아 오른쪽으로 갈 수 있지 그러면 네가 왔던 길을 만나게 돼.

샌디 : 내가 반대로 가고 있었어?

크리스 : 음, 그래, 하지만 라운드어바웃를 쉽게 돌 수 있잖아.

샌디 : 알았어. 거기에서 어디로 가야 하는데?

크리스 : 음, 그 길을 따라서 신호등이 있는데 까지 오도록 해. 신호등에서 오른쪽으로 돌아.

샌디 : 응, 알았어

크리스 : 신호등에서 오른쪽으로 돈 다음에 다리를 지나서 첫 번째 왼쪽 길로 좌회전해.

샌디 : 다리를 지나고, 그래. 응, 보인다.

크리스 : 좋았어. 이제 기차역을 찾도록 해, 네 오른쪽에 있을 거야. 내가 생각하기에 그 앞에 공장이 있는 것 같아. 보이니?

샌디 : 응. 보이네.

크리스 : 기차역을 지나 첫 번째 오른쪽 길로 돌면 골프장이 철도역 건너편에 있어.

샌디 : 고마워. 이제 보인다.

크리스 : 알았어. 곧 보자.

TEST 05

Questions 1~3
Complete the table with information about the holes that Chris and Sandy discuss.
크리스와 샌디가 말하는 홀에 대한 정보로 도표를 완성하시오.

Hole	Difficulty	Hazards	Par
1	Easy	None	1. 4
4	Difficult	2. (Two) Sand traps	5
9	3. Easy	None	3

홀	난이도	장애물	파
1번홀	예제: 쉬움	없음	1. 4
4번홀	어려움	2. (두개의) 모래 구덩이	5
9번홀	3. 쉬움	없음	3

Questions 4~5
Select the letters A~E that correspond the hazard that Chris describes on each hole.
각각의 홀에 대해 크리스가 말하는 장애물에 해당하는 것을 A~E에서 선택하시오.

A: sand traps 모래 구덩이
B: hilly 언덕
C: trees 나무
D: a pond 연못
E: a flag 깃발

4. Hole 11's hazard is D: a pond .
   홀 11번의 장애물은 연못 이다.

5. Hole 16's hazard is A: sand traps .
   홀 16번의 장애물은 모래 구덩이 이다.

Questions 6~10

6. Where is the post office?

우체국은 어디에 있는가?

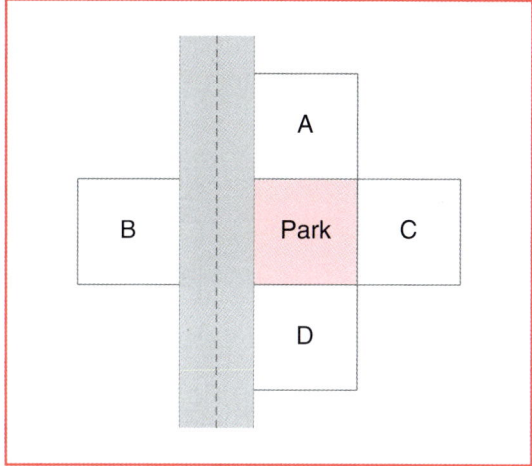

정답 | B

7. Which way does Sandy need to go around the roundabout?

샌디가 라운드어바우트에서 어느 길로 돌아야 하나?

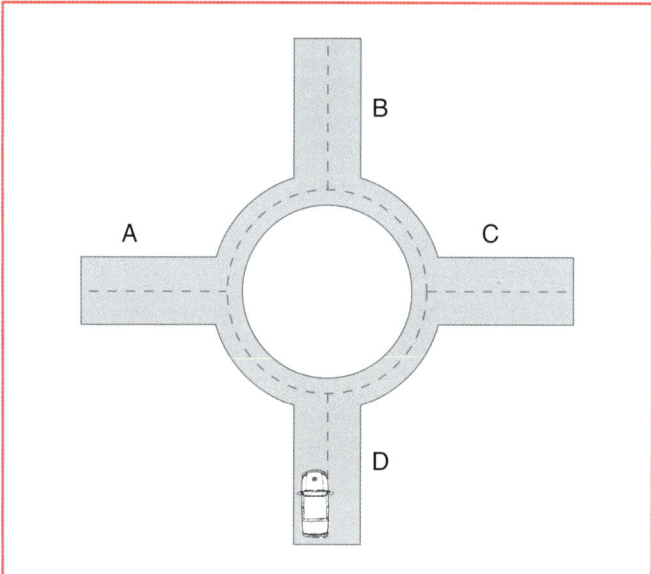

정답 | D

8. Which road does Sandy need to take?

샌디가 어느 길로 가야 하나?

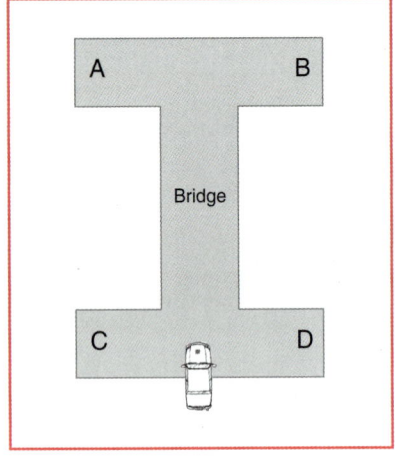

정답 | A

9. What is the building marked 'A'?

'A'로 표시된 것은 무슨 건물인가?

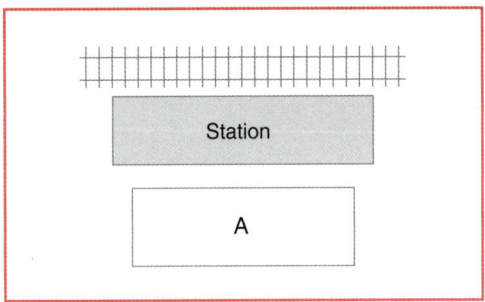

정답 | a factory

10. Where is the golf course?

골프장은 어디에 있습니까?

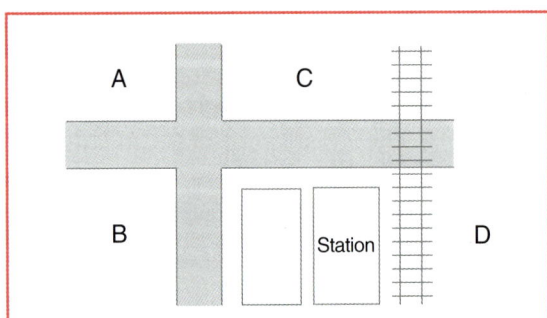

정답 | D

SECTION 2   *Questions 11~20*

 script ──

Headmaster:

Good evening parents and thank you for attending this meeting regarding computer use for this term.
For those of you whom I have not met before, my name is Mr. Robinson and I am the deputy
principal of the school. The meeting will begin with a short speech from myself firstly outlining the
process for purchasing computers and secondly, outlining the various rules which students must
follow when they are using the school network for doing their homework.

To begin, I would like to advise parents that we have changed computer providers for this year.
Students will this year need to <u>purchase computers from Omega Computing</u> and the cost of each
                                                                    Q11
machine will be $948 including taxes. For those parents who bought a laptop last year from Laser
Computers, you can still use these, however as there have been changes to our security programmes
and log-in information you will need to bring these in to have the new information installed.

Last year we had a few instances of children having their laptops stolen. As a result this year we have a
new tracking device in each computer. When you purchase a new computer you will need to <u>request a
security card with your registration number.</u> When you turn on your new computer, the security
                          Q12
device will prompt you to enter this number into your new machine. The device will also ask you to
enter your child's name and class number along with <u>a secret password.</u> You must be very careful
                                                                 Q13
when choosing a password. Don't choose anything obvious such as birthdays, pet's names or car
license plates that a thief could easily find out. The password should have a mixture of letters and
numbers and needs to be a minimum of 8 characters long. Once this password is entered the
computer will attempt <u>to contact with</u> the school server in order to authenticate your computer on the
                          Q14
network. This process may take a couple of minutes so please be patient. If you have any problems
during the authentication of the security device then you may call either our Head of Computing,
Miss White, on extension <u>387</u> or else you can speak directly with the manufacturer's helpline who will
                        Q15
attempt to guide you through the setup process.

For any parents who may not be able to afford the laptop we have a couple of options. Firstly, Omega
Computers is offering a spread payment option whereby you can purchase the computer in three
separate payments over the year. For this option, you will be required to pay $316 in September,
January and May plus a setup cost of $25. Alternatively, if this is not an option there are also a limited
number of computers at the school which are available to students. The students must book the
computer a day in advance to ensure that they are able to use the computer at the time they desire.
The school's computers will be available for one hour before school, during the lunch hour and for
three hours after school finishes. Students can book the computers for a maximum of one hour per
day.

All students, regardless of whether they are using the school computers or the laptops must sign the rules list before they are able to have access to the school's network. This is to ensure that pupils are behaving appropriately on the network and using the computers for learning not play. Above all, the rules are also there to ensure that all children are learning in a safe computing environment.

I will run quickly through the rules contract. It contains several broad categories. Firstly, children will also have to agree not to copy software. We have limited space on the school computers and do not
Q16 OR Q17
need any unauthorized programmes cluttering our drives. Secondly they must take care of their computer. They must agree to carry the computers only in an approved carry case. Any children found carrying their computer without its case will have it taken from them. This is to protect the computer from any damage caused by improper handling. They also must not use the computers for
Q16 OR Q17
playing games. We have had incidences in the past of students using our network to play role playing games against their friends. I must re-iterate that the school computers are not for games and if children feel the need to play computer games they should do it at home on their own time. Lastly, the children must agree to use the internet only for looking up relevant information to their courses. There will be serious consequences for any students using the internet for dangerous or illegal purposes.

We also encourage students to think of others when using the network. Children will be required to
Q18
agree that they will try not to disrupt other users on the network, either by monopolizing the resources or else sending e-mails that bully other students. We will also be very strict when it comes to
Q19
any vandalism of the network through viruses or the like. You should explain to your children not to open any e-mails which they believe look suspicious.
Q20

If your children follow these rules then they will help create a fun learning environment for everyone. I would ask all parents present here tonight to take an interest in your children's computer use and now that you are familiar with the rules please help us to ensure your children are following them.

교감 :

안녕하십니까 학부모 여러분, 이번 학기 컴퓨터 사용에 관한 이번 모임에 참석해 주셔서 감사 드립니다. 여러분 중에 제가 전에 뵙지 못한 분들을 위해, 제 이름은 로빈슨이며 이 학교의 교감으로 있습니다. 이번 모임은 제가 우선 컴퓨터 구매 과정과, 학생들이 숙제를 하기 위해 학교 전산망을 이용할 때 반드시 따라야 하는 여러 규칙에 관해 짧게 말씀 드리며 시작하겠습니다.

우선, 부모님들께 저희가 금년에 컴퓨터 공급업체를 바꾸었음을 알려 드리고자 합니다. 학생들은 금년에 오메가 컴퓨터로부터 컴퓨터를 구입해야 하며 각 기계당 비용은 세금을 포함하여 948달러입니다. 작년에 레이저 컴퓨터에서 휴대용 컴퓨터를 구매하신 부모님들은 그것들을 계속해서 사용하실 수 있지만, 보안 프로그램과 로그인 정보가 바뀌었으므로 컴퓨터를 가져오셔서 새로운 정보를 설치해야 합니다.

작년에 저희 몇몇 학생들이 휴대용 컴퓨터를 도난 당했습니다. 그 결과 금년에는 각 컴퓨터에 새로운 추적 장치를 달 것입니다. 새 컴퓨터를 구매할 때 등록 번호가 써 있는 보안 카드를 요청해야 할 것입니다. 새 컴퓨터를 켜면 보안 장치가 당신의 새로운 기계에 이 번호를 입력하라고 요구할 것입니다. 이 장치는 또한 당신에게 자녀의 이름과 반을 비밀 번호와 함께 입력하라고 요구할 것입니다. 당신은 비밀번호를 선택할 때 매우 조심해야 합니다. 생일, 애완동물 이름 혹은 자동차 번호판과 같이 도둑이 쉽게 알아 낼 수 있는 뻔한 것을 선택하지 마십시오. 비밀번호는 문자와 숫자가 혼합된 최소 8글자 길이여야 합니다. 일단 이 비밀번호가 컴퓨터에 입력되면 컴퓨터가 전산망에 인증되도록 학교 서버에 연결을 시도할 것입니다. 이 과정은 몇 분 정도 소요되므로 기다려 주십시오. 만일 보안 장치의 인증과정 중에 문제가 생기면 컴퓨터과 과장인 미스 화이트의 교환번호 387로 전화하거나, 설치 과정을 알려줄 제조업체의 전화 도움 서비스에 직접 연락하십시오.

휴대용 컴퓨터를 구매할 형편이 되지 않는 부모님들을 위해서 두 가지 선택사항이 있습니다. 첫 번째, 오메가 컴퓨터는 금액을 일년 동안 세 번에 나눠 지불하고 컴퓨터를 구매할 수 있는 할부방식을 제공합니다. 이런 경우엔, 9월, 1월, 5월에 316불씩과 설치 비용 25불을 지불하셔야 합니다. 이 방식을 선택하지 않는다면 그 대안으로, 학생들이 사용 가능한 제한된 수의 컴퓨터가 학교에 있습니다. 학생들은 그들이 원하는 시간에 컴퓨터를 사용할 수 있도록 하기 위해 반드시 하루 전에 예약을 해야 합니다. 학교 컴퓨터는 수업 시작 한 시간 전과, 점심 시간 그리고 방과 후 3시간 동안 사용이 가능합니다. 학생들은 하루에 최대 한 시간 동안 예약이 가능합니다.

모든 학생들은 학교 컴퓨터 혹은 휴대용 컴퓨터 어느 것을 사용하든지, 학교 전산망에 접속하기 전에 반드시 규칙 목록에 서명해야만 합니다. 이것은 학생들이 전산망 이용 시 올바르게 행동하고, 놀이가 아닌 학업을 위해 컴퓨터를 사용하도록 하기 위한 것입니다. 특히, 이 규칙은 또한 모든 어린이들이 안전한 컴퓨터 환경 속에서 학습을 하도록 보증합니다.

규칙 조항들을 간단히 훑어 보기로 하겠습니다. 여기에는 몇 가지 광범위한 범주가 포함되어 있습니다. 첫 번째, 아이들은 소프트웨어를 복사하지 않는다고 동의해야만 할 것입니다. 학교 컴퓨터는 공간이 제한되어 있어서, 장치를 혼란 시키는 인증되지 않는 프로그램들을 필요로 하지 않습니다. 두 번째 그들은 컴퓨터를 잘 관리해야만 합니다. 그들은 오직 승인된 운송 가방으로 컴퓨터를 가지고 다닌다는 것에 동의해야 합니다. 컴퓨터를 가방에 넣지 않고 가져온 것이 들통난 아이들은 컴퓨터를 뺏기게 될 것입니다. 이것은 부적절한 관리로 인해 컴퓨터가 손상되는 것을 방지하기 위해서 입니다. 그들은 또한 게임을 하기 위해서 컴퓨터를 사용하지 않아야 합니다. 과거에 저희 전산망을 이용하여 친구들과 롤 플레잉 게임(온라인 게임)을 하는 학생들이 있었습니다. 학교 컴퓨터는 게임을 위해서 있는 것이 아니며, 어린이들이 컴퓨터 게임을 하고 싶다면 집에서 자유시간에 해야 한다고 재삼 말씀 드립니다. 마지막으로, 어린이들은 인터넷을 이용하여 오직 수업과 관련된 정보만을 찾는다는 것에 동의해야 합니다. 인터넷을 위험하고 혹은 불법적인 목적으로 사용하는 학생들에게는 중대한 결과가 있을 것입니다.

저희는 또한 학생들이 전산망을 이용할 때 타인을 고려하도록 고무시킵니다. 어린이들은 전산망을 이용하는 타인을 방해하지 않고, 시설을 독점하지 않고, 다른 학생들을 놀리는 이메일을 보내지 않을 것이라는 데 동의해야 할 것입니다. 저희는 또한 바이러스 혹은 그와 유사한 것을 통한 전산망의 파괴행위에 관해서 매우 엄격하게 대처할 것입니다. 부모님들은 자녀들에게 의심이 가는 어떤 이메일도 열어보지 않도록 설명해야만 합니다.

이런 규칙을 준수한다면, 여러분의 자녀들은 모든 사람들을 위해서 재미있는 학습 환경을 만드는 것을 도울 수 있을 것입니다. 저는 오늘 저녁 이곳에 참석한 부모님들께 자녀의 컴퓨터 사용에 관심을 가져 줄 것을 부탁 드리며, 이제 이런 규칙들에 대해 이해하셨으므로 자녀들이 이것을 따를 수 있도록 도와 주시기 바랍니다.

Questions 11~15

Complete the following flow chart on the process of buying a computer.

컴퓨터 구매 과정에 관한 흐름도를 완성하시오.

You must go to Omega Computing to **11.** purchase a computer .

Request a card with **12.** a resistration number .

Enter the number into your machine.

Enter the child's name, class and **13.** a (secret) password .

The computer will try **14.** to contact with the school server.

For any problems you can contact Miss White on extension _____ **15.** 387 _____ .

당신은 반드시 오메가 컴퓨터에 가서 **11.** 컴퓨터 한 대를 구매 해야만 합니다.

12. 등록번호 가 있는 카드 요청하기

번호를 컴퓨터에 입력하기

학생의 이름과 반 그리고 **13.** 비밀번호 를 입력하기

컴퓨터가 학교 서버에 **14.** 접속 하려고 할 것입니다.

문제가 있을 경우 미스 화이트의 교환번호 **15.** 387 로 연락하십시오.

Questions 16~17

Name two things that the children must not do on the computers, using NO MORE THAN THREE WORDS.

학생들이 컴퓨터로 하지 말아야 할 두 가지 사항을 세 단어 이내로 쓰시오.

16. Copy software

소프트웨어 복제

17. For playing games

게임

Questions 18~20

Complete the following sentences using NO MORE THAN THREE WORDS.

세 단어 이내로 다음 문장을 완성하시오.

Children are encouraged to **18.** think of others when using the school network. They must try not to disrupt other users either by monopolising the network or by **19.** sending e-mails to bully other students. The school will be very strict with viruses. Parents should encourage their children **20.** not to open any suspicious e-mails.

아이들이 학교 전산망을 사용할 때 **18.** 타인을 생각 하도록 독려해야 합니다. 그들은 다른 사용자를 방해 하지 않아야 하며 전산망을 독점하지 않고 혹은 **19.** 이메일을 보내어 다른 학생들을 놀리지 않아야 합니다. 학교는 바이러스에 매우 엄격하게 대처할 것입니다. 학부모님들은 자녀가 의심이 가는 어떤 이메일도 **20.** 열지 않도록 설명해야 합니다.

T
E
S
T

0
5

🎧 script ───

Jane: Hi, David.

David: Hi Jane, how was your holiday?

Jane: It was great, thanks. I had to work for a bit of it but I managed to get away to the seaside for a bit of relaxation. How about you?

David: I didn't do much. I've spent a while preparing for the start of university and I couldn't get out for a few weeks when my car broke down.

Jane: Oh really, that's too bad. Have you managed to get it fixed?

David: No, unfortunately, the repairman said that it would be too expensive to fix so I bought a new one.

Jane: Hey, cool. What's it like?

David: Well, I didn't have much spare money so I had to buy a very cheap one. It's a station wagon with a rack on top for my surfboards. Unfortunately, when I got it home it had a flat rear tyre which I have to fix.
Q21

Jane: Oh no, that's bad luck.

David: Yes, I had to catch the bus this morning. But I'm still excited about my first day at university.

Jane: Oh yes, I remember feeling nervous last year, have they given you your class details yet?

David: Yes, I have a sheet here, it even has the professors on it.

Jane: Really, well you might be able to see your new professors because they're all up on the stage.

David: Do you know which one is Professor Walker?

Jane: Yes, I know him. He is the one near the end of the row, with the moustache.
Q22

David: I think I can see him, is he the one wearing the striped tie?
Q22

Jane: Yes, that's him.

David: Hmm, he looks as though he might be a good professor. Do you know anything about Professor Jones? I have her for biology.

Jane: Professor Jones .... Ah yes, I can see her. She is in the front row with short blonde hair and glasses.
Q23

David: Who is that man at the back?

Jane: Which one are you talking about?

David: The man wearing glasses and the striped shirt.
Q24

Jane: Ah yes, I can see him. I'm not sure who he is though.

David: Oh I thought, I recognized him - that's all.

┈┈

제인 : 안녕, 데이비드.

데이비드 : 안녕 제인. 휴가는 어떻게 보냈어?

제인 : 훌륭했어. 고마워. 나는 일을 좀 해야 했지만 휴식을 위해 바닷가로 떠났었어. 너는 어땠어?

데이비드 : 나는 별로 한 일이 없어. 대학 생활을 시작하기 위한 준비로 시간을 보냈고 내 자동차가 망가져서 몇 주 동안 나갈 수 없었어.

제인 : 어 정말, 안됐다. 차는 고쳤니?

데이비드 : 아니, 유감스럽게도 수리공이 수선하는데 비용이 너무 비싸다고 해서 새 자동차를 샀어.

제인 : 와, 굉장한데. 새 차 어떠니?

데이비드 : 음, 여윳돈이 많지 않아서 가장 싼 것을 사야만 했어. 위에 서핑보드를 실을 선반이 있는 스테이션 왜건이야. 운이 나빠서, 집으로 오던 길에 뒤 바퀴가 펑크가 나서 고쳐야만 해.

제인 : 오 안됐다. 운이 없었네.

데이비드 : 그래, 오늘 아침에는 버스를 타야만 했지. 하지만 대학교 첫 날이라서 기분은 좋은데.

제인 : 응 그래, 지난 해 떨었던 생각이 난다. 수업에 관한 자세한 것을 안내 받았지?

데이비드 : 응, 여기 종이가 있어, 거기에 교수님도 적혀 있어.

제인 : 정말, 음 교수님들이 모두 강단에 계시니까 새로운 네 교수님도 알아 볼 수 있겠다.

데이비드 : 워커 교수님이 어느 분인지 아니?

제인 : 응, 그 분을 알아. 그 분은 콧수염이 있고, 그 줄 끝 근처에 계신 분이야.

데이비드 : 나도 그 분을 알아볼 수 있어. 줄무늬 넥타이를 매신 분이지?

제인 : 응, 그분이 맞아.

데이비드 : 음, 좋은 교수님처럼 보이는데. 존스 교수님에 대해 아는 거 있니? 내 생물학 교수님인데.

제인 : 존스 교수님. 응, 저기에 계시네. 그분께서는 짧은 금발 머리로 안경을 쓰시고, 앞줄에 앉아계신 분이야.

데이비드 : 뒤에 계신 남자 분은 누구지?

제인 : 어느 분을 말하는 거야?

데이비드 : 안경을 끼고 줄 무늬 셔츠를 입으신 분.

제인 : 응, 보이네. 하지만 그분이 누구인지 잘 모르겠어.

데이비드 : 응, 내가 아는 분 같아서. 그뿐이야.

David: How was your first class?

Jane: Hmm, it wasn't that bad as everybody is just getting back into work mode but I've already got an assignment to get on with.

David: Me too, I suggest we take a break and grab a coffee.

Jane: Sounds like a good idea. Where would you like to go?

David: Ummm. To be honest, I have no idea where to go.

Jane: Oh I forgot. Right well I'll take you to my favourite cafe. It's in the student common area so you'll probably be visiting it often.

David: How do we get there?

Jane: Well we need to leave the library through the Southern Exit and then turn left around the corner. It is the building with the bench outside.
Q25

David: That's cool, what else is there in the common area?

Jane: Well, you might need to see the Careers Advisor at some stage. His office is the opposite way to the cafe so you would need to turn right after leaving the library.
Q26

David: I think that I might make an appointment with him at some point this semester.

Jane: Yes he is very helpful. I had a session there last year and he helped me choose the career path I wanted and then tailored my classes to it.

David: So, I must ask, is there a computer lab in the common area? I wouldn't mind making a start on my assignment after we have had our coffee.

Jane: Yes there is a computer lab there. It's the biggest one on campus too so you have a greater chance of finding an available computer.

David: Where is it?

Jane: Well it's on the opposite side of the common area from where we are now. You will see it when we get to the cafe as it is diagonally opposite. It's just to the left of the gym over there.

Q27

David: Hey, thanks. I guess there is a shop there as well?

Jane: Yes there is one. It's across the square from the library exit.

Q28

David: Just one more thing, is there a toilet around here?

Jane: Yes the common area has some public toilets too. You can find them on the far left hand side of the common area, just behind the trees.

Q29

David: Thanks a lot, right let's get that coffee.

....

데이비드 : 첫 수업은 어땠어?

제인 : 음, 모두 막 시작하는 분위기라서 그렇게 나쁘지는 않았어. 하지만 나는 벌써 해야 할 숙제가 있어.

데이비드 : 나도 그래. 잠시 쉬면서 커피나 한 잔 하자.

제인 : 좋은 생각이다. 어디로 갈까?

데이비드 : 음, 솔직하게 말하자면 어디로 가야 할지 모르겠는걸.

제인 : 오. 잊고 있었네. 맞아, 자 내가 가장 좋아하는 곳으로 데려갈게. 공동지역에 있어서 너도 자주 가게 될 거야.

데이비드 : 어떻게 그곳으로 가는데?

제인 : 음, 남쪽 출구를 통해 도서실에서 나가서 모퉁이에서 왼쪽으로 돌아가면 된다. 밖에 벤치가 있는 건물이지.

데이비드 : 근사하다. 공동지역 안에 또 뭐가 있는데?

제인 : 음, 언젠가는 진로상담사를 만나야 할 필요가 있을 거야. 그의 사무실은 카페 맞은 편에 있으니까 도서실에서 나가서 오른 쪽으로 돌아야 해.

데이비드 : 이번 학기 중 어느 시점에는 그와 약속을 잡아야 할 것 같아.

제인 : 그래, 그는 많은 도움이 될 거야. 나는 작년에 한 번 했는데 내가 원하는 진로를 선택하는데 많은 도움을 주었고 거기에 맞는 수업도 안내해 주었어.

데이비드 : 그래, 나도 반드시 물어봐야겠다. 공동지역에 컴퓨터실도 있어? 커피를 마신 후에 과제를 시작하고 싶어.

제인 : 응, 거기에 컴퓨터실이 있어. 교정에서 가장 큰 컴퓨터실이어서 네가 사용할 수 있는 컴퓨터를 찾을 수 있을 거야.

데이비드 : 어디에 있어?

제인 : 음, 지금 우리가 있는 이곳에서 볼 때 공동지역의 반대편에 있어. 우리가 카페에 도착하면 대각선 방향에 위치하므로 볼 수 있을 거야. 저쪽 체육관 바로 왼쪽에 있지.

데이비드 : 고마워. 그곳에 상점도 있겠지?

제인 : 응 한 군데 있어. 도서관 출구에서 광장 건너편에 있지.

데이비드 : 한 가지 더, 이 근처에 화장실 있어?

제인 : 응 공동 지역에 공공 화장실도 있지. 공동 지역의 맨 왼쪽 편에 있는데, 나무 바로 뒤야.

데이비드 : 정말 고마워. 커피 마시러 가자.

---

*Student common area means the place where all the facilities for students are located and also a place where students can gather.

Questions 21~24

21. Which of the following cars did David buy?

데이비드가 구매한 자동차는 다음 중 어떤 것인가?

A   B   C   D

정답 | C

22. Which of these people is Professor Walker?

워커 교수님은 어느 분인가?

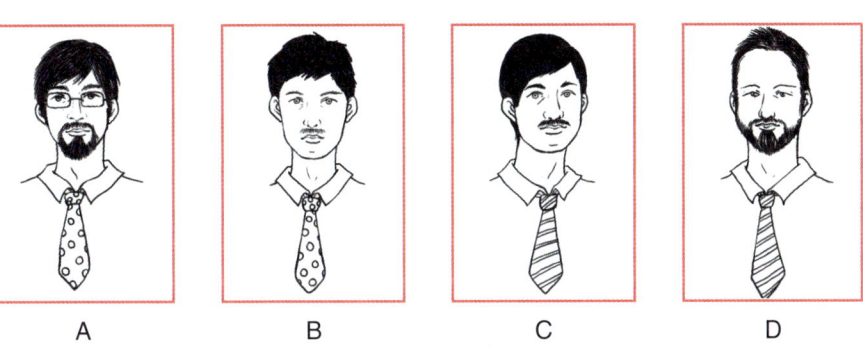

A   B   C   D

정답 | C

23. Which of these people is Professor Jones?

존스 교수님은 어느 분인가?

| A | B | C | D |

정답 | D

24. Which of the below images is the man at the back?

뒤에 있는 남자는 다음 아래 그림 중 누구인가?

| A | B | C | D |

정답 | D

Questions 25~29

Identify each building Jane describes. Choose letter A~I that corresponds to the correct building.

제인이 묘사한 빌딩을 확인하시오. 알맞은 빌딩에 A~I를 선택하시오.

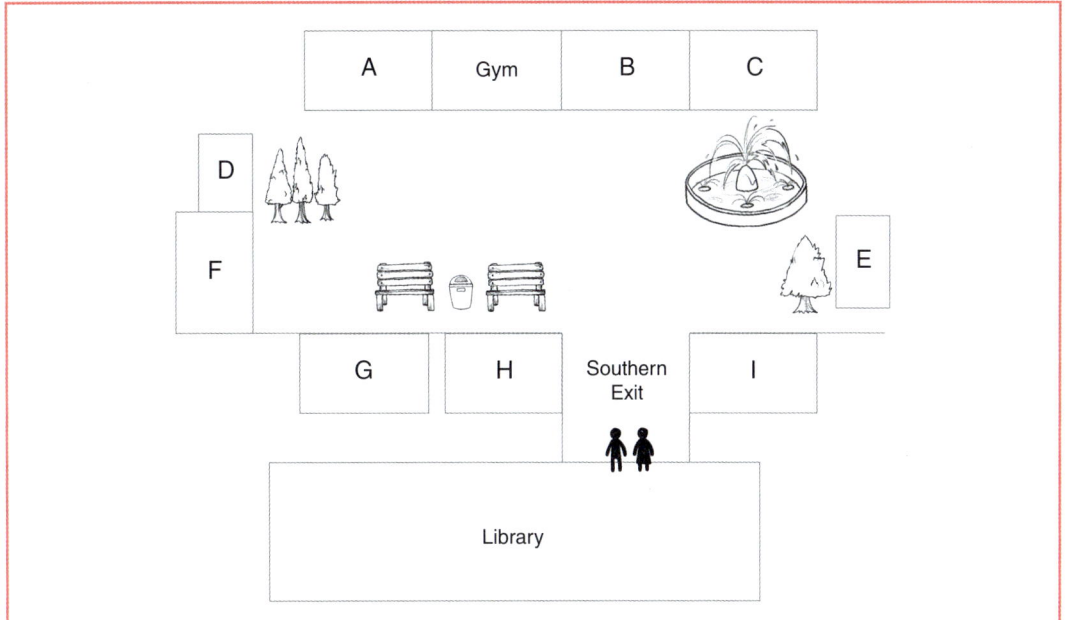

25. Which building is the café?

카페는 어느 건물에 있는가?

정답 | H

26. Which building is the Careers Advisor in?

진로 상담사가 있는 건물은?

정답 | I

27. Which building is the computer lab?

컴퓨터실이 있는 건물은?

정답 | A

28. Which building is the shop?

상점이 있는 건물은?

정답 | B

29. Which building is the public toilet?

화장실이 있는 건물은?

정답 | D

SECTION 4   *Questions 30~40*

🎧 script ──

Professor:

Today's history lesson will look at the Causes of the Great Depression. As many of you may already know the Great Depression was a financial crisis that struck the world between 1929 and 1935. Today we are going to look into the various theories about what caused the Depression starting with the background on the infamous stock market crash.

The start of the depression has been generally attributed to October 29, 1929, now colloquially known as Black Tuesday, though many historians now describe Black Tuesday and the mini-fall that prompted it on the previous Thursday as being symptoms rather than the cause of the Great Depression.

Leading up to the crash, the United States and especially New York were bustling centres of prosperity. From 1924 until September 1929, the New York stock exchange increased in value fivefold. From September 3rd 1929 the market began to fall, losing considerable value only to rise
<u>Q30</u>
again in the early days of October. A brief downturn culminated in a panic on Thursday October
<u>Q31</u>
24th where 12.9 million shares were traded and the market crashed. A group of Wall Street bankers came up with an interesting plan to resolve the panic. Reasoning that the shares were being sold in a panic the bankers resolved to pay over the market for several 'blue chip' shares to reassure people that there was still life in the share values. As a result the Dow Jones index increased again on the Friday.
<u>Q32</u>
However the weekend newspapers picked up on the story and sensationalized headlines greeted the public in the Saturday papers.

By Monday, more people wanted to get out of the market. The slide of the previous week continued which resulted in the market dropping by another 13%. The following day has, over time, become known as 'Black Tuesday'. On that day over 16 million shares were sold, a record number, at steadily sliding prices
<u>Q33</u>

The slide continued, with only a few periods of respite, until it hit the rock bottom level of 41.22 on July 8th 1932. This represented a dramatic 89% decrease in value from the peak in 1929. The stock market did not again reach the levels of 1929 until a quarter of a century later.
<u>Q34</u>

So with that background, we will now look at what historians believe caused the Great Depression. There is a lot of debate among the historical community as to exactly what the cause of the depression was. Let's look at the facts.

Of course, as we all know, markets go through cycles of highs and lows caused by inexact balances between supply and demand. Market recession is relatively common. What has been the subject of debate is what turns this recession into a depression. There are generally considered to be two views of what turned the 1930s into a period of Depression. One side views it to be a failure of the free market while the other side considers it to be a failure of government intervention.

The first factor we will look at is debt. During the 1920s the stock market was boosted by a lot of speculation. This is when people buy stocks in the hope that they will have gained in value when they
<u>Q35</u>
wanted to sell them. At the heights of the market, the price of stocks had reached a point where many people were borrowing money in order to pay for stocks. Eventually, the market reached a point where very few people were able to pay the inflated prices. As prices eased people panicked causing the price crash that we saw at the end of October. However, those who had taken out loans in order to buy stocks suddenly found themselves saddled with more debt than the value of the asset they took the loan against. This is known as the debt-deflation view and it still applies to people these days, particularly those who take out loans to buy cars and electrical goods. Even if people still had the means to pay their debts they would still reduce their spending in other areas which caused shrinkage in the economy. In the wake of the stock market crash, prices and wages fell but debts remained the same dollar amount. Many people were unable to repay their debt and as a result many banks
<u>Q36</u>
collapsed. This meant that many people lost all their savings and that the remaining banks refused to lend any more money. As a result of this the money supply dried up so less was available for business expansion.

Another factor to consider was the reaction of the government at the time. Experts believe that the US government should have opened their markets to encourage spending but instead the government
<u>Q37 or Q38</u>
essentially closed the borders by raising tariffs and duties on imported goods. Other countries responded by placing retaliatory tariffs on American goods which reduced the ability to boost the economy through exports. Meanwhile as banks collapsed across the country, the government sat idly by and did nothing to assist. Many experts in the monetary field believe that the Federal Reserve
<u>Q37 or Q38</u>
could have intervened to protect banks by providing emergency loans or lending at a lower rate. Had they done this, the economists argue, there would have been a greater supply of money for investing available in the early 1930s which could have lead to a recovery.

On the other hand, many people at the time blamed big business for creating the boom which eventually led to the crash. This view held that business had too much power and that to remedy this, corporate taxes should be raised and unions and farmers should be given more power. These ideals
<u>Q39</u>
eventually formed the range of policies implemented by Franklin D. Roosevelt known as the 'New Deal' and the cradle to the grave socialist governments.

Some economists, primarily John Maynard Keynes, argue that the government should have increased
<u>Q40</u>
spending or cut taxes in order to counteract the decrease in spending by the private sector. They point to the fact that unemployment stayed as high as 15% right up until 1940 when World War II began. During the war, spending by the government increased markedly and unemployment almost immediately dropped to around 2% as factory production increased and the army called for more recruits.

Overall, it is difficult to adequately explain which of these factors or which combination led to the Great Depression. The debate will continue into the future as to whether it was a failure by the free market to control the amount of risk taken when loaning out money, excessive power in the hands of big business or failure by the government to intervene when banks began to fail or else increase spending to provide a counter to the private sector.

교수 :

오늘 역사 수업은 세계 대공황의 원인을 살펴보도록 하겠습니다. 여러분 들이 이미 알고 있듯이, 대공황은 1929년과 1935년 사이 전 세계를 강타한 경제 위기였습니다. 오늘 우리는 지독한 주식 시장 붕괴의 배경으로 시작해서, 대공황의 원인에 대한 다양한 이론을 고찰해 보도록 하겠습니다.

세계 대공황의 시작은 일반적으로 현재 검은 화요일(Black Tuesday)로 알려져 있는, 1929년 10월 29로 추정해 왔는데, 현재 많은 역사 학자들은 검은 화요일과 그 전 주 목요일에 그것을 유발했던 소폭의 주식 하락이 세계 대공황의 원인이라기 보다는 전조라고 주장하고 있습니다.

주식 붕괴로 이어졌지만, 미국과 특히 뉴욕은 번영의 중심지였습니다. 1924년부터 1929년 9월까지, 뉴욕 주식 거래는 가치가 다섯 배 증가하였습니다. 1929년 9월 3일부터 주식시장은 가치가 상당히 떨어지며 하락하기 시작하였고, 10월 초순에 겨우 다시 올랐습니다. 1290만주의 주식이 거래되었던 10월 24일 목요일은 혼란 속에 급격한 주식하락이 정점에 달해 증권시장이 붕괴되었습니다. 월 가의 금융업자들은 이 혼란을 수습하기 위해 흥미로운 계획을 세웠습니다. 혼란 속에서도 주식이 팔리고 있다는 이유로 금융업자들은 몇 종목의 우량주를 구매함으로써, 사람들로 하여금 여전히 주식의 가치가 있다고 믿게 하였습니다. 그 결과, 금요일에 다우존스 지수가 다시 올랐습니다. 하지만 주말 신문이 그것을 기사거리로 채택하여, 토요일 신문에 선풍적인 표제로 실렸습니다.

월요일에, 더 많은 사람들이 주식시장에서 벗어나고 싶어했습니다. 전 주의 하락이 계속되어 주식 시장은 또 다시 13% 하락했습니다. 시간은 가고, 그 다음 날이 검은 화요일 'Black Tuesday' 이 되었습니다. 그 날 계속 하락하는 가격으로, 기록적으로 1600만 주의 주식이 팔렸습니다.

몇 번의 휴지기가 있었지만, 1932년 7월 8일 지수 41.22로 주식이 바닥을 칠 때까지, 하락은 계속되었습니다. 이것은 1929년에 정점을 이뤘던 가치에서 89%의 극적인 하락폭을 나타낸 것입니다. 주식 시장은 그 이후 25년이 지날 때까지도 1929년의 수준에 다시 미치지 못했습니다.

그래서 이런 기초 지식을 가지고, 우리는 지금 역사학자들이 대공황의 원인으로 믿는 사항을 고찰하고자 합니다. 역사학자들 사이에 대공황의 원인이 정확히 무엇이었는지에 대한 많은 논쟁이 있습니다. 사실을 살펴보도록 합시다.

물론, 여러분 모두가 잘 알다시피, 주식시장은 수요와 공급 사이의 불균형에 따라 야기되는 상승과 하락의 주기에 의해 움직입니다. 주식 시장의 하락은 비교적 흔한 일입니다. 논쟁의 주제는 무엇이 그 하락을 공황으로 변하게 했느냐는 것이었습니다. 일반적으로 1930년대를 공황 기로 만든 원인은 두 가지 측면으로 재고되고 있습니다. 한 쪽은 자유 시장의 실패로 다른 한 쪽은 정부 개입의 실패로 보고 있습니다.

우리가 살필 첫 번째 요인은 부채입니다. 1920년대에 주식시장은 많은 투기에 의해 활황을 이뤘습니다. 투기는 자신들이 주식을 팔기를 원할 때 가치가 높아져 있을 것이라는 희망을 갖고 주식을 구매할 때입니다. 시장이 최고의 주가를 올릴 때, 주식의 가격은 많은 사람들이 주식을 구매하기 위해 돈을 빌리는 시점에 달했습니다. 결국에는 주식시장이 몇 사람만이 그 폭등한 가격을 지불할 수 있는 때에 이르렀습니다. 가격이 주춤해지자 사람들은 우리가 10월말에 보았던 주가 폭락을 일으키며 공황상태에 빠졌습니다. 하지만 주식을 구입하기 위하여 대출을 받았던 사람들은 자신들이, 대출을 받아 구매한 자산의 가치보다 더 많은 빚을 졌다는 것을 갑자기 깨닫게 되었습니다. 이것은 부채-디플레이션이라고 알려져 있는데, 요즘 사람들 특히 대출을 받아 자동차와 전자제품을 구매하는 사람들에게 여전히 적용되고 있습니다. 비록 사람들이 여전히 채무를 갚을 능력이 있더라도 그들은 다른 곳에 지출을 줄일 것이며 이는 경제 수축의 원인이 됩니다. 주식시장의 붕괴로 인해, 주식 가격과 임금은 하락한 반면 채무는 동일한 금액으로 남았습니다. 많은 사람들이 빚을 상환하지 못하게 되었고 이로 인해 많은 은행이 쓰러졌습니다. 이것은 많은 사람들이 저축한 돈을 모두 잃고, 살아남은 은

행들은 더 이상 자금 대출을 하지 않았다는 것을 의미합니다. 결과적으로 자금이 고갈되었고, 사업 확장을 위해 쓸 수 있는 돈도 거의 없었습니다.

또 다른 요인으로 고려되는 것은 그 당시 정부의 반응이었습니다. 전문가들에 의하면, 미국 정부가 소비를 촉진시키기 위해 시장을 개방했어야 했는데, 오히려 수입품에 대한 조세와 관세를 높임으로써 사실상 거래를 막았습니다. 다른 국가들은 미국 상품에 대해 보복관세를 부과하는 것으로 그에 대응했는데, 이는 수출을 통해 경기를 활성화시키는 능력을 줄게 하였습니다. 그러는 동안, 전국적으로 은행이 쓰러졌음에도, 정부는 안이하게 앉아 아무런 도움을 주지 않았습니다. 통화관련 분야의 많은 전문가들은 연방준비은행이 비상대출을 해주거나 저금리로 돈을 빌려 줌으로써 은행을 보호하도록 개입할 수 있었을 거라고 믿고 있습니다. 그들이 이렇게 했다면, 경제학자들은, 1930년대 초반에 투자를 위한 더 많은 자금을 공급할 수 있었을 것이고, 그로 인해 경제가 회복될 수도 있었을 것이라 주장합니다.

다른 한편, 그 당시 많은 사람들은 결국 붕괴로 이어진 붐을 일으킨 것에 대해 대기업을 비난했습니다. 이런 관점은 기업이 너무 많은 권력을 갖고 있어서, 이것을 개선하기 위해선 법인세를 상향하고 조합과 농민들에게 더 많은 권력을 주어야 한다고 주장했습니다. 이런 생각은 마침내 '뉴딜'이라고 알려진 플랭클린 루즈벨트에 의해 시행된 정책들과 요람에서 무덤까지라는 사회주의적 정부를 형성하게 되었습니다.

일부 경제학자들, 특히 존 메이너드 케인스는, 민간 부문에 의한 소비 감소에 대응하기 위해 정부가 지출을 늘리거나 세금을 감면했어야 한다고 주장합니다. 그들은 2차 세계 대전이 시작된 1940년까지 실직 율이 15%나 되었다는 사실을 지적합니다. 전쟁을 치르는 동안 정부에 의한 소비가 현저하게 늘어, 공장 생산이 증가하고 군대가 더 많은 용병을 징집하면서 실직 율은 거의 즉각적으로 2% 정도로 떨어졌습니다.

결론적으로, 이런 요소들 중 어느 것 때문에 혹은 어떤 복합적인 요인 때문에 세계 대공황이 일어났는지 충분히 설명하기는 어렵습니다. 공황이 대출이 가져 온 위험을 자유시장이 조절하지 못한 데 따른 것인지, 대기업의 수중에 주어진 과다한 권력 때문인지, 혹은 은행이 쓰러지기 시작할 때 정부가 개입을 하거나 민간 부문에 대항력을 제공하기 위해 정부 지출을 늘리지 않아서였는지에 대한 논쟁은 미래에도 계속될 것입니다.

Questions 30~33

Match the movements in share prices to the time period that they occurred.
주식 가격의 동향을 발생 시기와 연결하시오.

Put your answer A~D next to the date.
A~D에서 골라 날짜 옆에 적으시오.

A: Share prices rose 주식 가격이 올랐다.
B: Share prices remained steady 주식 가격이 안정되게 유지되었다.
C: Share prices decreased slowly 주식 가격이 서서히 내려갔다.
D: Share prices crashed 주식 가격이 붕괴했다

30. Early September 1929 _____C_____

31. Early October 1929 _____A_____

32. Friday October 25, 1929 _____A_____

33. Tuesday October 29, 1929 _____D_____

TEST 05

34. How many years passed until the Stock market reached the same level as the peak of 1929?

A. 1 year
B. 4 years
C. 15 years
D. 25 years

주식 시장이 1929년 정상치와 동일한 수준까지 오른 것은 몇 년이 지나서였습니까?

A. 1년
B. 4 년
C. 15년
D. 25년

정답 | D

35. What is speculation, as defined in the speech?

A. When people sell stocks
B. When people buy things hoping they will gain value
C. When people sell stocks for a higher price
D. When people sell stocks for less than the person paid for them

강좌에서 정의된 바에 의하면, 투기란 어떤 상태입니까?

A. 사람들이 주식을 팔 때
B. 사람들이 가치 증식을 기대하며 주식을 살 때
C. 사람들이 더 높은 가격을 받고 팔 때
D. 사람들이 자신들이 지불했던 것 보다 손해를 보며 팔 때

정답 | B

36. What is the reason mentioned by the speaker that caused banks to collapse?

A. People buying cars and electrical goods
B. The money supply drying up
C. People were unable to pay their debts
D. People lost their savings
E. Shrinkage in the economy

강사가 말하는 은행 붕괴의 원인이 무엇인가?

A. 사람들이 자동차와 전자 제품을 구입해서
B. 자금 공급이 끊겨서
C. 사람들이 빚을 갚을 수 없어서
D. 사람들이 저축한 돈을 잃게 돼서
E. 경제 위축

정답 | C

37. & 38. Which TWO things do experts believe that the US government should have done to boost the economy?

A. Close the borders
B. Provide emergency loans to banks
C. Increase the supply of money
D. Place Retaliatory tariffs
E. Open the markets

전문가들이 미국 정부가 경제 활성화를 위해 했어야 했다고 생각하는 사항 2가지는 무엇인가?

A. 수입을 막기
B. 은행에 비상 대출 공급
C. 통화 공급을 늘리기
D. 보복 관세 책정
E. 시장 개방

정답 | B and E

39. Who had their taxes raised in order to curb their power?

A. People
B. Business
C. Unions
D. Farmers

권력을 억제시키기 위해 세금이 올라가야 하는 사람은 누구인가?

A. 대중
B. 사업가
C. 조합
D. 농부

정답 | B

40. What was the solution to the depression recommended by John Maynard Keynes?

A. Increasing Government Spending
B. Decreasing Government Spending
C. Increased Taxes
D. Decrease Unemployment
E. Increased Factory Production

존 메이너드 케인스가 추천한 대 공황의 해결방법은 무엇인가?

A. 정부 지출 증가
B. 정부 지출 감소
C. 세금 상향
D. 실직 감소
E. 공장 생산 증가

정답 | A

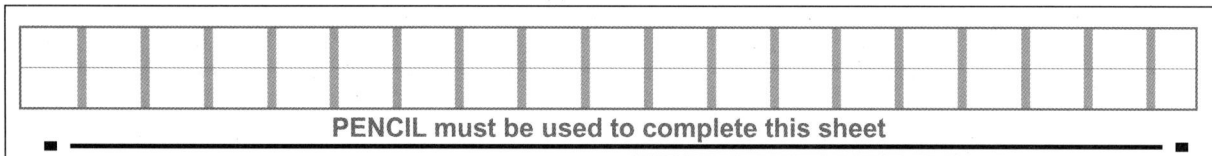

PENCIL must be used to complete this sheet

Centre number:

Please write your **name** below,

then write your six digit Candidate number in the boxes
and shade the number in the grid on the right in PENCIL.

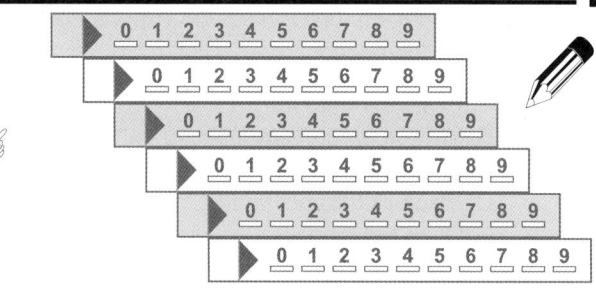

Test date (shade ONE box for the day, ONE box for the month and ONE box for the year):

Day: 01 02 03 04 05 06 07 08 09 10 11 12 13 14 15 16 17 18 19 20 21 22 23 24 25 26 27 28 29 30 31

Month: 01 02 03 04 05 06 07 08 09 10 11 12   Last 2 digits of the **Year:** 00 01 02 03 04 05 06 07 08 09

IELTS Listening Answer Sheet   01

1		✓ 1 ✗	22		✓ 22 ✗
2		2	23		23
3		3	24		24
4		4	25		25
5		5	26		26
6		6	27		27
7		7	28		28
8		8	29		29
9		9	30		30
10		10	31		31
11		11	32		32
12		12	33		33
13		13	34		34
14		14	35		35
15		15	36		36
16		16	37		37
17		17	38		38
18		18	39		39
19		19	40		40
20		20	41		41
21		21			

Checker's Initials		Marker's Initials		Band Score		Listening Total	

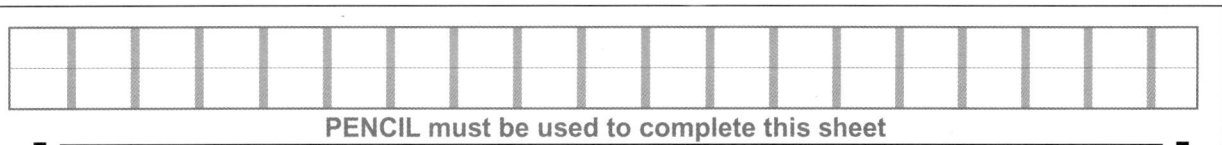

PENCIL must be used to complete this sheet

Centre number:

Please write your **name** below,

then write your six digit Candidate number in the boxes
and shade the number in the grid on the right in PENCIL.

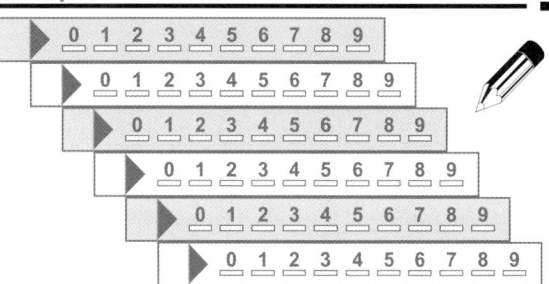

Test date (shade ONE box for the day, ONE box for the month and ONE box for the year):

Day: 01 02 03 04 05 06 07 08 09 10 11 12 13 14 15 16 17 18 19 20 21 22 23 24 25 26 27 28 29 30 31

Month: 01 02 03 04 05 06 07 08 09 10 11 12   Last 2 digits of the **Year:** 00 01 02 03 04 05 06 07 08 09

IELTS Listening Answer Sheet 02	
1 ✓ 1 ✗	**22** ✓ 22 ✗
2 2	**23** 23
3 3	**24** 24
4 4	**25** 25
5 5	**26** 26
6 6	**27** 27
7 7	**28** 28
8 8	**29** 29
9 9	**30** 30
10 10	**31** 31
11 11	**32** 32
12 12	**33** 33
13 13	**34** 34
14 14	**35** 35
15 15	**36** 36
16 16	**37** 37
17 17	**38** 38
18 18	**39** 39
19 19	**40** 40
20 20	**41** 41
21 21	

Checker's Initials	Marker's Initials	Band Score	Listening Total

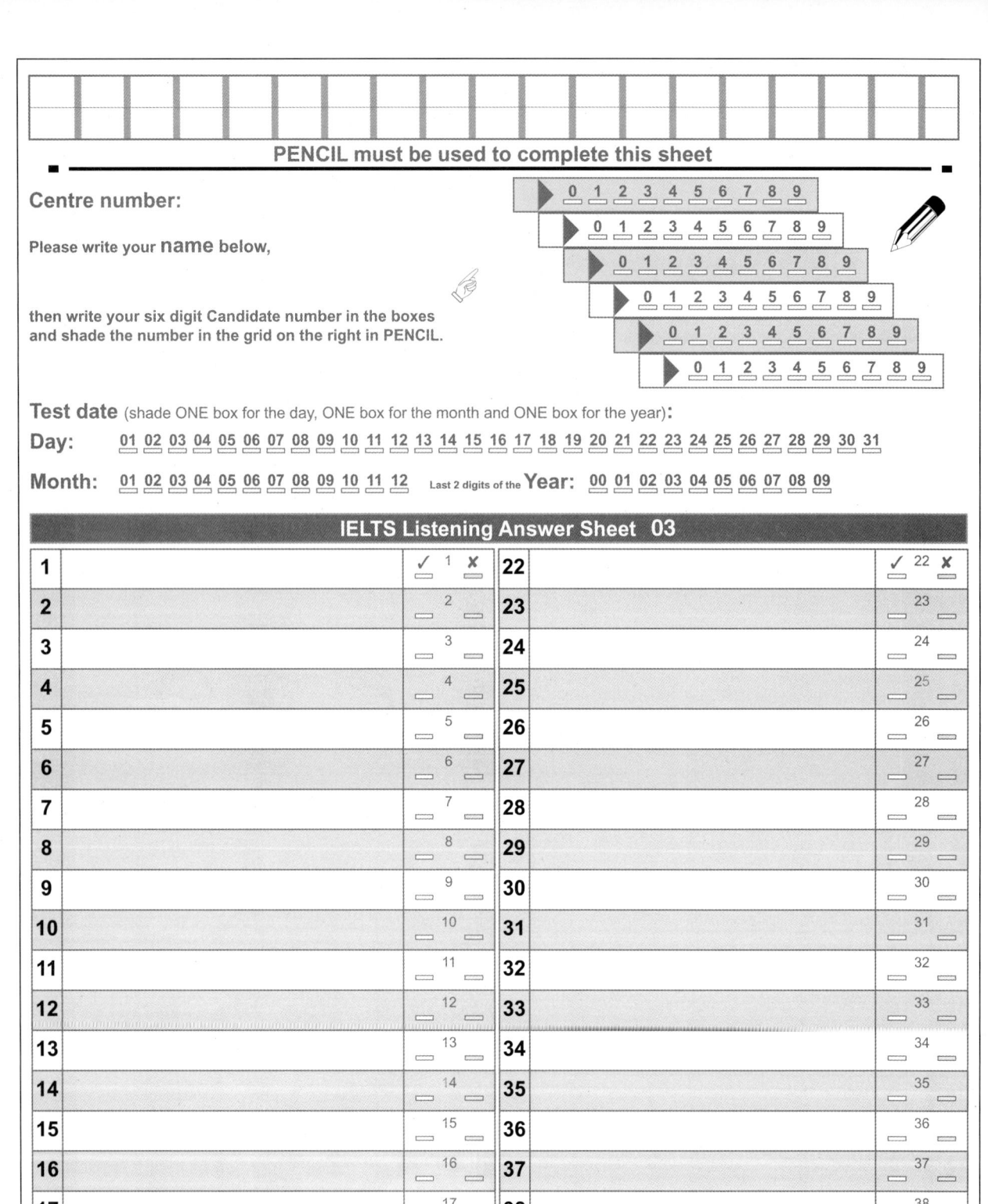

PENCIL must be used to complete this sheet

Centre number:

Please write your **name** below,

then write your six digit Candidate number in the boxes
and shade the number in the grid on the right in PENCIL.

0 1 2 3 4 5 6 7 8 9
0 1 2 3 4 5 6 7 8 9
0 1 2 3 4 5 6 7 8 9
0 1 2 3 4 5 6 7 8 9
0 1 2 3 4 5 6 7 8 9
0 1 2 3 4 5 6 7 8 9

Test date (shade ONE box for the day, ONE box for the month and ONE box for the year):

Day: 01 02 03 04 05 06 07 08 09 10 11 12 13 14 15 16 17 18 19 20 21 22 23 24 25 26 27 28 29 30 31

Month: 01 02 03 04 05 06 07 08 09 10 11 12   Last 2 digits of the **Year:** 00 01 02 03 04 05 06 07 08 09

IELTS Listening Answer Sheet   03

No.		✓ / ✗	No.		✓ / ✗
1		✓ 1 ✗	22		✓ 22 ✗
2		2	23		23
3		3	24		24
4		4	25		25
5		5	26		26
6		6	27		27
7		7	28		28
8		8	29		29
9		9	30		30
10		10	31		31
11		11	32		32
12		12	33		33
13		13	34		34
14		14	35		35
15		15	36		36
16		16	37		37
17		17	38		38
18		18	39		39
19		19	40		40
20		20	41		41
21		21			

Checker's Initials		Marker's Initials		Band Score		Listening Total	

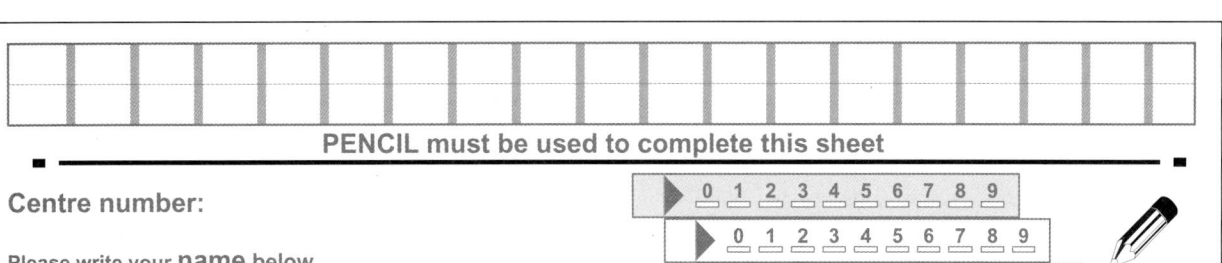

PENCIL must be used to complete this sheet

Centre number:

Please write your **name** below,

then write your six digit Candidate number in the boxes
and shade the number in the grid on the right in PENCIL.

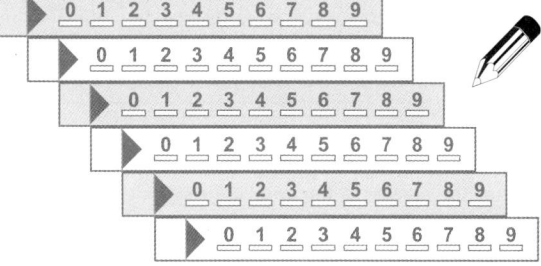

Test date (shade ONE box for the day, ONE box for the month and ONE box for the year):

Day: 01 02 03 04 05 06 07 08 09 10 11 12 13 14 15 16 17 18 19 20 21 22 23 24 25 26 27 28 29 30 31

Month: 01 02 03 04 05 06 07 08 09 10 11 12   Last 2 digits of the **Year:** 00 01 02 03 04 05 06 07 08 09

IELTS Listening Answer Sheet   04

#		✓ X	#		✓ X
1		✓ 1 X	22		✓ 22 X
2		2	23		23
3		3	24		24
4		4	25		25
5		5	26		26
6		6	27		27
7		7	28		28
8		8	29		29
9		9	30		30
10		10	31		31
11		11	32		32
12		12	33		33
13		13	34		34
14		14	35		35
15		15	36		36
16		16	37		37
17		17	38		38
18		18	39		39
19		19	40		40
20		20	41		41
21		21			

Checker's Initials		Marker's Initials		Band Score		Listening Total	

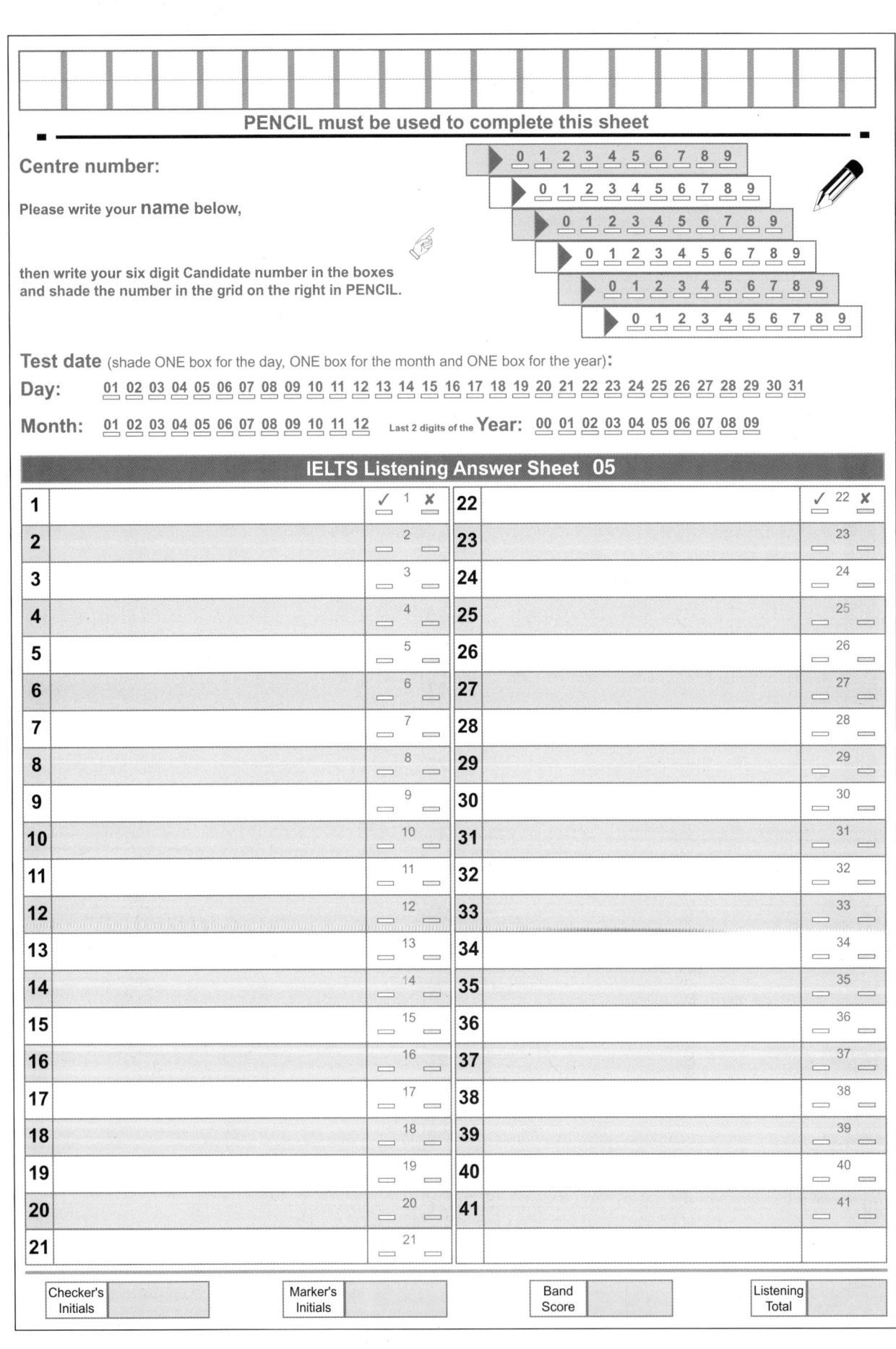